スーパーのお魚で！

港町の漁師飯

ダンノマリコ

はじめに

魚は好きだけど、家で料理するのはちょっと……という声を
よく耳にします。
「下処理が面倒」
「魚は鮮度が命、スーパーのお魚では臭みが出そう」
「自分でさばけないし、切り身か刺身しか買ったことがない」
確かにスーパーの魚は輸送に時間がかかる分、
獲れたての鮮度とはいきません。
でも、だからといって敬遠してしまうのはもったいない！
数年前から魚市場に足しげく通うようになり、
さばいて、作って、食べて、魚の魅力にとりつかれている私ですが、
魚を知るほどに思うのは、「魚は鮮度だけじゃない」ということ。
もちろんイキのいいプリプリの刺身は最高！
だけど、火を入れたからこそのおいしさもあって、
そこにはまた奥深い魚ワールドが広がっているのです。
私が魚を調理するときの最大のテーマは、
魚本来の味わいを生かすこと。

魚の力強くて繊細なうまみ、それぞれの魚が持つ個性を
殺さず、最大限に引き出したい！
自分が食べたい理想の魚料理を追求していくと、
結局はシンプルな調理、味つけに行き着きました。
船の上で漁師さんたちがチャチャッと作る漁師飯のように、
塩、酒、しょうゆ……調味料は極力シンプルに、削ぎ落として。
下処理のポイントさえ押さえれば、
味つけは控えめでも臭みは気になりません。
さらに、その日に食べない分は、塩を振ってぴっちり密閉したり、
みそやオイルに漬けたり、昆布で締めたり。
一刻も早く食べなくては！と焦らなくても大丈夫。
魚の身が空気に触れないようにすれば、保存もＯＫ。
時間による食感や味わいの変化を楽しみながら食べられます。
魚をもっと身近に、もっと手軽に、そして最高においしく！
おうちにいながら、港町で食べるあの感動を味わいましょう。

目次

1章 切ってのせるだけでこのウマさ……！ 海鮮のっけ飯

2章 おさばき不要！丸ごとどーん!! 一尾魚の豪快おかず

3章

切り身や干物で、実はお手軽！

港町の定食おかず

4章

うまみ最強！ あと1品にうれしい♡

海鮮小鉢とあったか汁物

スーパーのお魚をおいしくする**鉄則**3

**3つのポイントを押さえれば、スーパーの鮮魚コーナーが
“我が家の漁港”に早変わり♡**

1 余分な水分をとる！

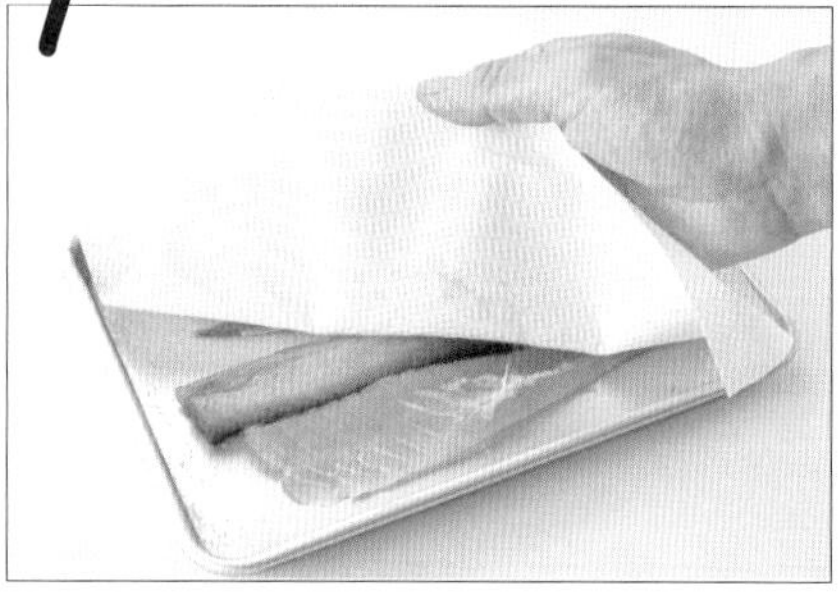

スーパーに限らず、ほとんどの魚は店頭に並ぶまでの工程で真水にふれています。そのため魚の身に水分が入り込んでしまうのです。この水分こそ、魚本来のうまみをボヤけさせ、生臭さを感じさせる大きな原因！ 切り身や刺身の柵は、全体に塩を振って余分な水分を出し、キッチンペーパーでしっかり拭き取りましょう。指で押して弾力が出ればOK！

2 調味料&薬味を効果的に使う

魚の生臭さを抑え、うまみを最大限に引き出すためには、調味料の使い方もポイントに。とくに塩は、魚をおいしく調理するためのキモ！ 2種類の塩を使い分けます。

酢

魚の臭み成分はアルカリ性。酸性の酢につけると、中和されます。防腐効果で日持ちもアップ。

酒

火を入れる調理に力を発揮！ アルコールが蒸発するときに、魚の臭み成分も一緒に出してくれます。安価なものでOK。

焼き塩

サラサラした焼き塩は、素材にまんべんなく振るのに適しています。水けを出す下処理に必須！

粗 塩

ほかの調味料に混ぜて使うときにはしっとりした粗塩をチョイス。

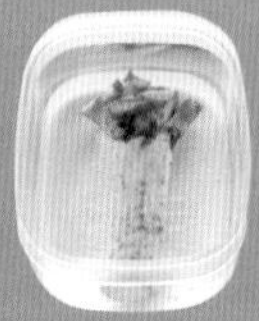

わさびの保存法

鮮烈な辛みと香りで魚の持ち味を引き立ててくれる、生わさび。皮をむいて水に浸ければ、冷蔵庫で1週間から10日間ほど保存可能です。毎日水を替えるのを忘れずに。

薬 味

しょうが、わさび、ねぎ、ハーブなどの香味野菜で、さわやかな香りをプラス！ 魚のうまみを引き立て、臭みを抑えます。

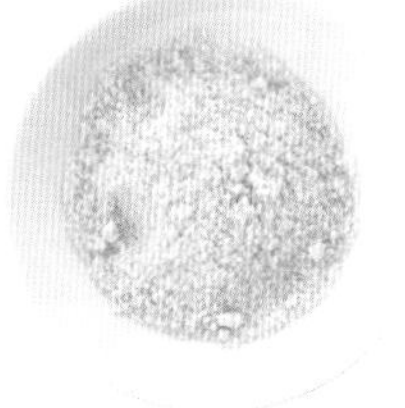

砂 糖

コクと甘みを加えるほか、煮付けなどの味付けに使えば保水効果で魚の身をしっとりさせる効果も。

みりん

コクやうまみを引き出す効果に加え、アルコール分には臭みを抑える働きも。みりん風調味料ではなく、「本みりん」を選んで。

3 鮮魚眼を一流に！

おいしい魚は見た目も美しいもの。まずは売り場で魚と対峙。じーっと見つめて、鮮魚眼を育てましょう！

丸ごと一尾なら…

天然の魚の場合、おいしさの基準は鮮度と脂のノリ。肉づきがよいものを選びます。

目にハリがある

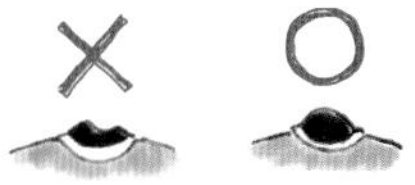

鮮度が落ちてくるとヘコんでくる。

※目が濁ったり赤くなるのは、漁の方法や氷水のあて方なども関わってくるため、新鮮さの基準にはならない。

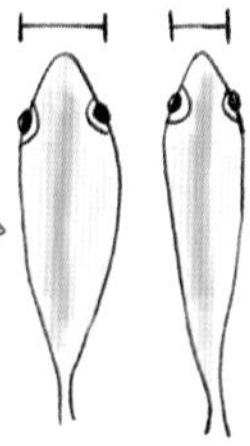

胸板が厚い

尾が太い

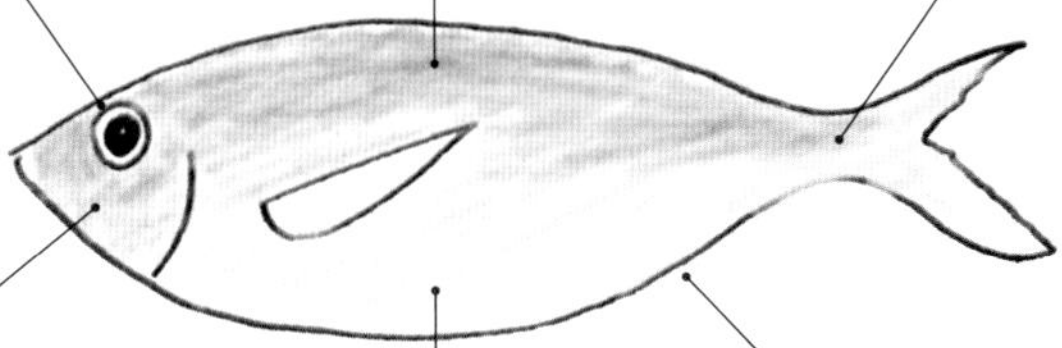

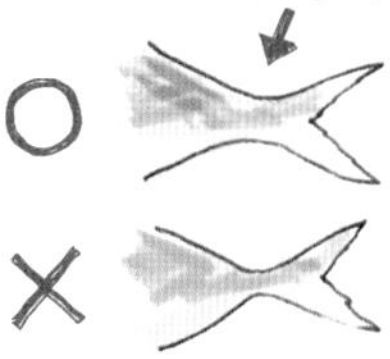

すっきり小顔

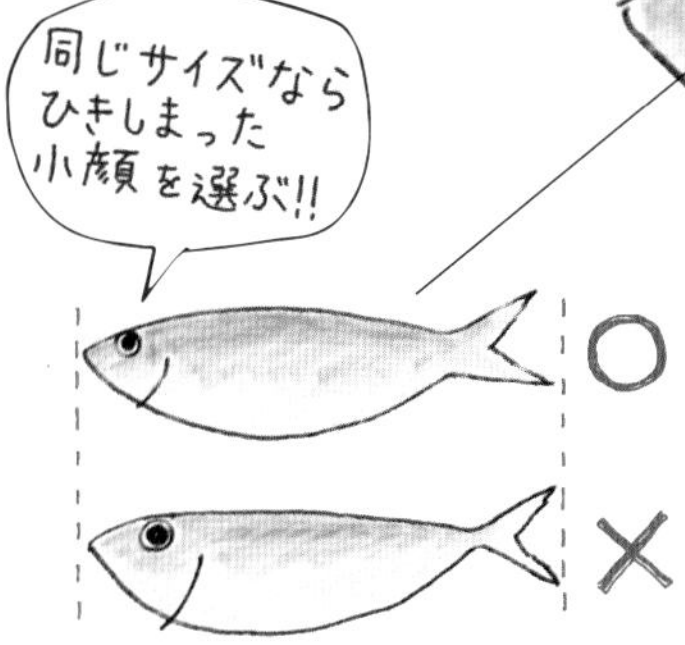

お腹にハリがある！

鮮度が落ちると最初に内臓のハリがなくなり、お腹がへこんでくる。

肛門がきれい！

鮮度が悪いと内臓の液が出ている。

切り身＆柵なら…

ラップに包まれたパックの切り身や刺身は、色や柄が最大のチェックポイント！

刺身POINT

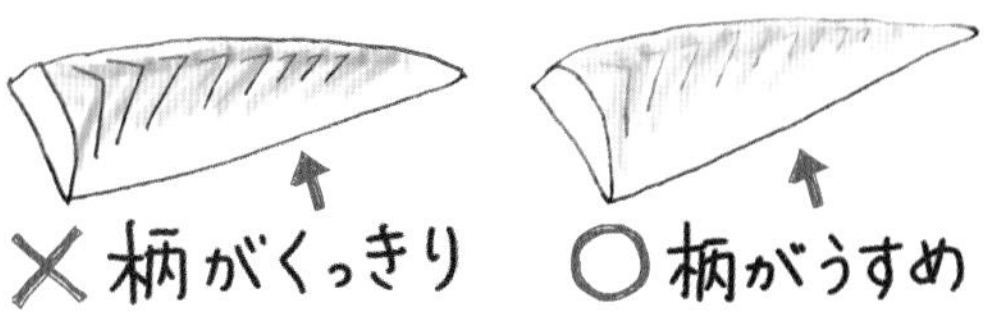

鯛などの白身の魚は、柄の見え方を確認。柄が薄めなのは脂の層が薄くかぶさっている証拠で、身の太った魚からとった柵。

生のまぐろやカツオの場合

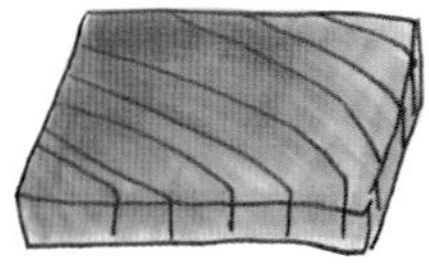

できるだけ色が鮮やかなものを。色は魚により異なるが赤が強いものほど脂は少なくなり、ピンクがかっているものほど脂は多い。

赤身の柵は、色が鮮やかなものが新鮮な傾向。とくにカツオは、おろして1日たつと赤黒くくすんでくる。

切り身POINT！

皮にうるおいがあり、ドリップがないか、ドリップがあっても濁っていないものを。

太刀魚の場合

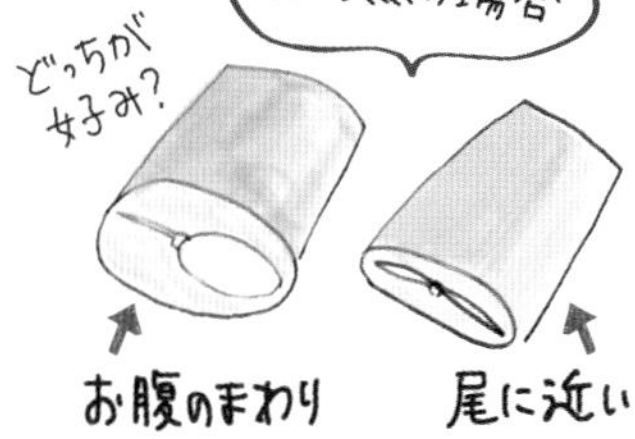

脂が乗っているのはお腹側、尾側は身がしまって脂はあっさり。好みで選んで。

ブリの場合

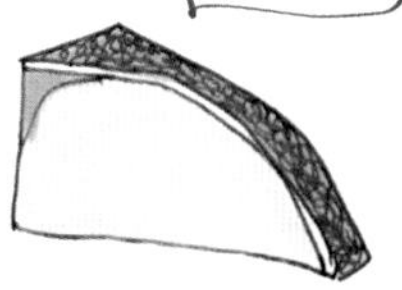

鮮度がよいものは、血合の色が鮮やか。皮の下に脂の層が見えるものは脂ノリ◎！

基本の**さばき方**をマスターしよう！

自分でさばけるようになれば、料理の幅が広がります。小さめの魚からトライ！

ムダなく さばける！

キレイに 食べられる！

まずは 骨の構造をチェック！

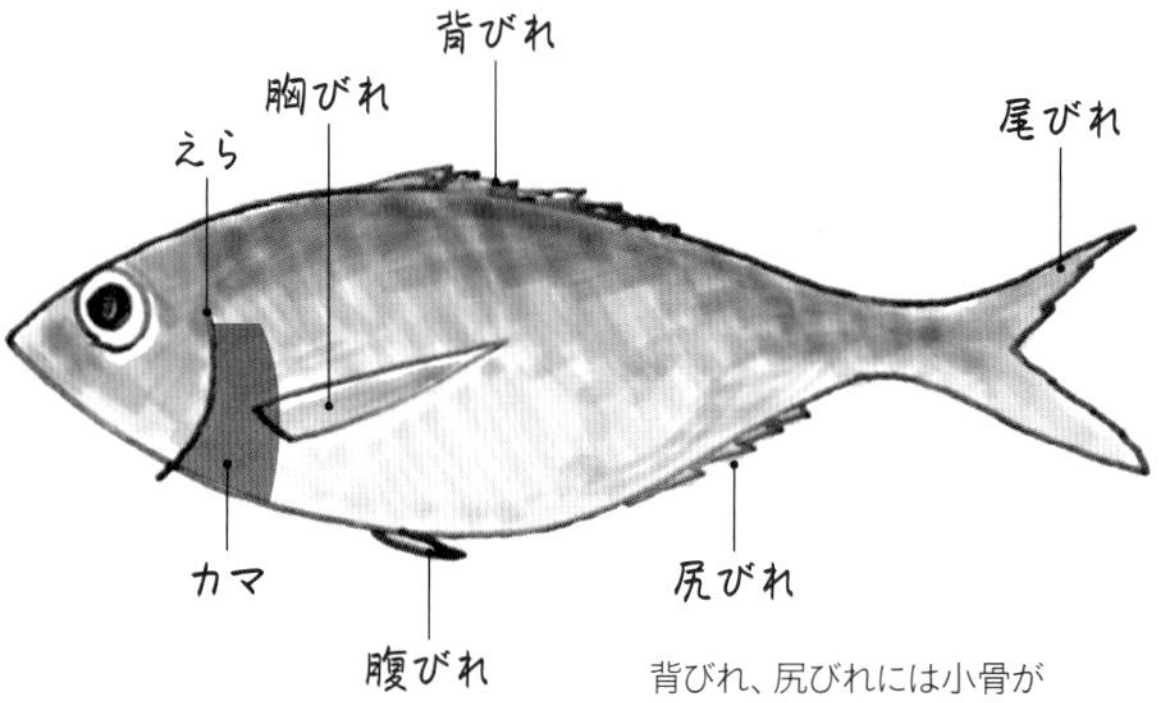

背びれ、尻びれには小骨がいっしょについている。

ひれや骨の位置を頭に入れておけば、どこに包丁を入れたらいいか、どこまで切ったらいいかがイメージしやすくなります。また、食べるときにも、骨におびえず、スマートに食べ進められるように！

だから 中骨の付け根に沿って切り込みを入れると食べやすさUP!

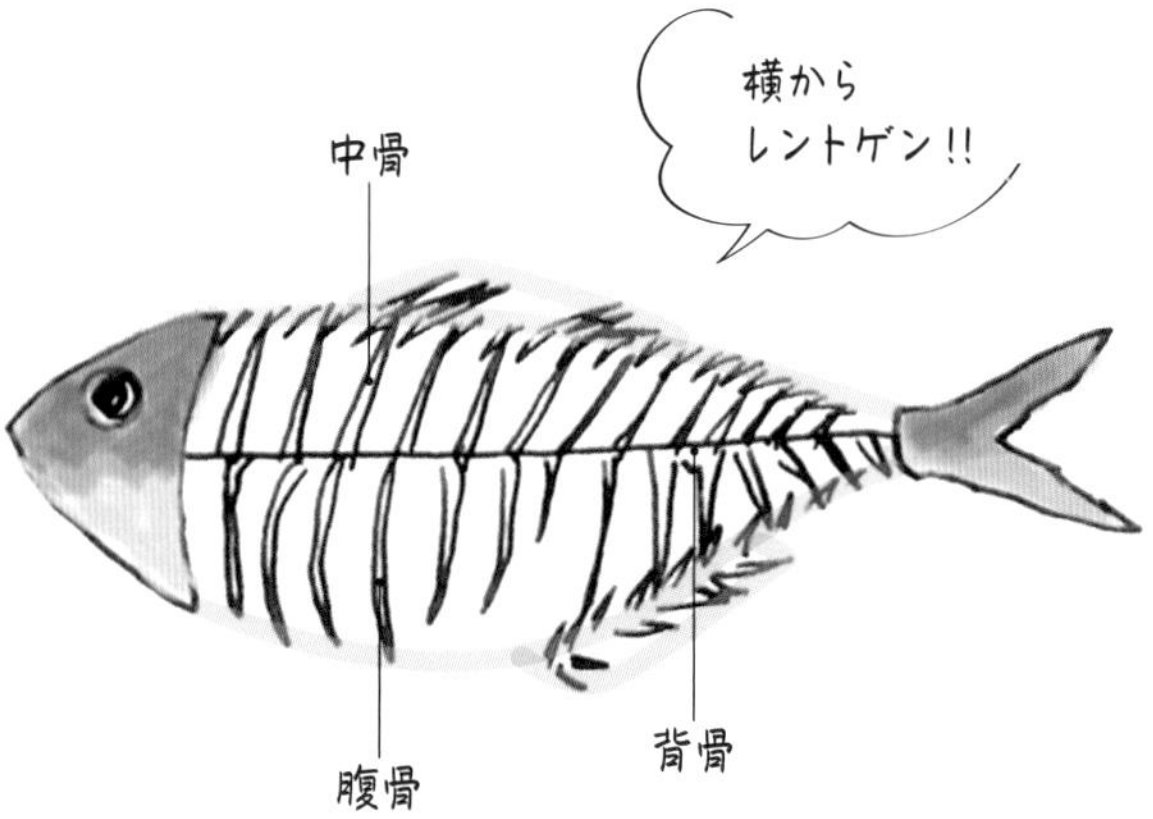

中骨の上に包丁をのせるようにして切ると、大きな骨を避けて、魚の身を分けられる。

大きな骨に沿って筋肉がついているので、背骨（中骨）の上に切り込みを入れておけば、身離れがよくなります。

切り込みには、火の通りをよくして、短時間でふっくら焼きあげる効果も。

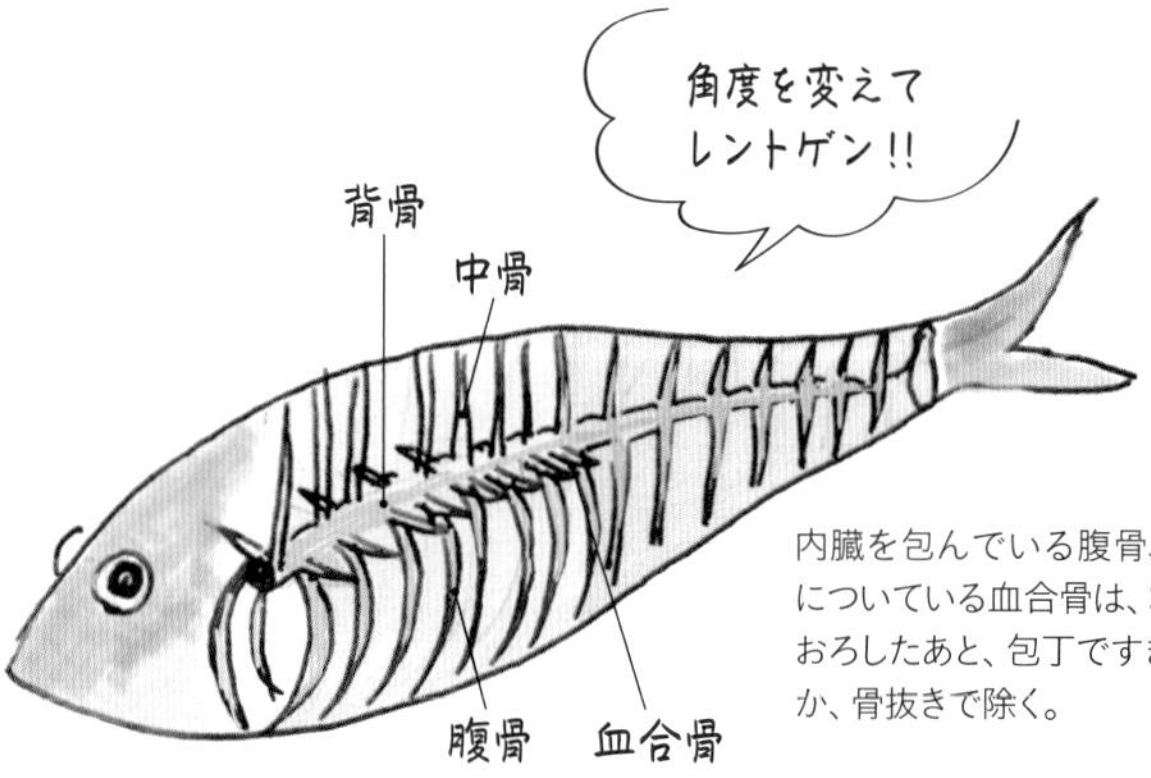

内臓を包んでいる腹骨、中骨についている血合骨は、3枚におろしたあと、包丁ですき取るか、骨抜きで除く。

魚をさばくうえでの最大の敵は、力み。無理に切ろうとギコギコ包丁を動かせば身が崩れ、魚をギュッと押さえれば身がぬるくなります。まずは、「切る」という意識を捨てること！　骨に沿って包丁を動かせば、力をほとんど入れずにきれいに身を分けることができます。鼻歌を歌いながら、気楽にやるのが一番です。

ビギナーでも簡単！

イワシの手開き

手開きにすると、小骨まで気持ちよくとれます。
身がやわらかく小骨が多い魚をさばくときに。

まな板にコピー用紙や古新聞などのいらない紙を敷き、イワシの頭を左側にしてセット！

頭を落とす

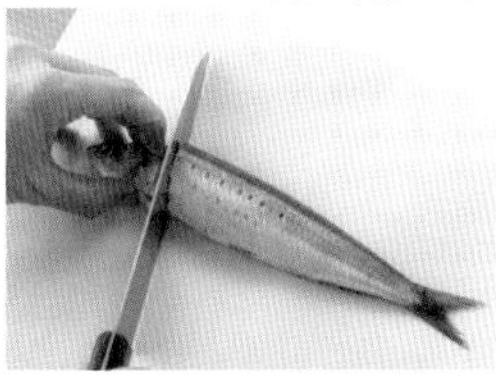

胸びれの右脇から包丁を入れ、頭を切り落とす。

内臓を出す

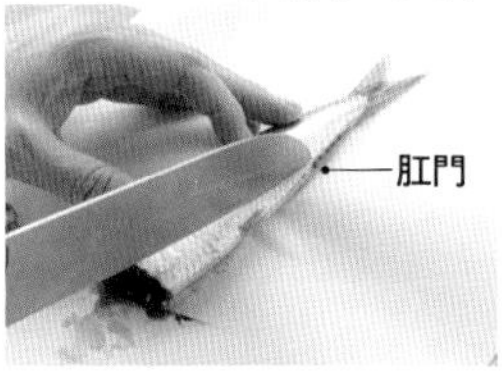

肛門から背びれに平行に頭側までを切り落とす。

カットするのは、骨が細かく口に当たる部分。

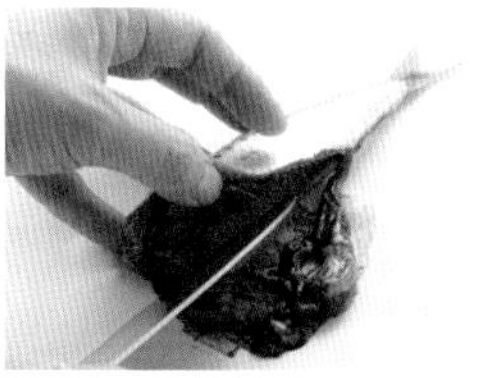

包丁でかき出すようにして、内臓をこそげとる。

洗う

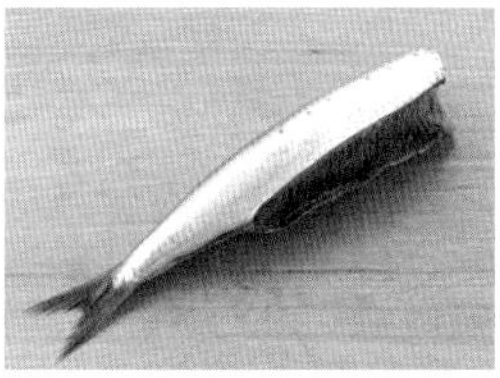

流水で手早く洗い、キッチンペーパーで水けをとる。

開く

尾びれの付け根から肛門まで、尻びれの上に沿うように包丁で切れ込みを入れる。

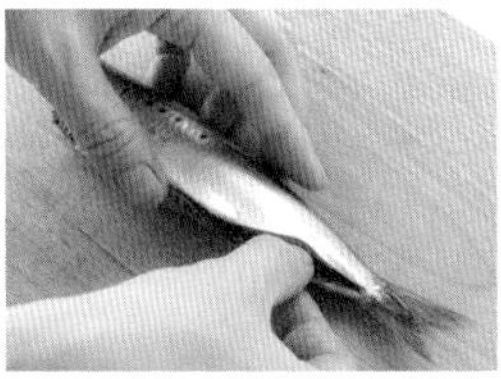

親指をぐっと差し入れる。

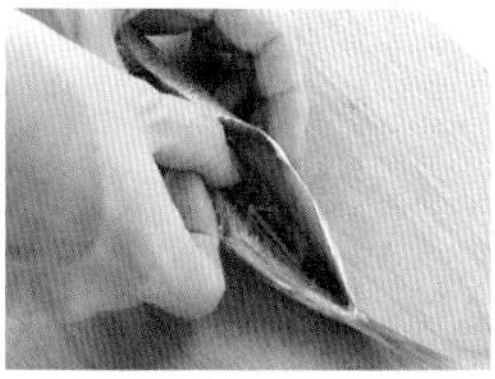

肛門に向かって親指をスライドさせて、中骨と身をはがす。

身を裏返し、反対側も同様に尾びれのつけ根から肛門まで切り込みを入れる。

親指を入れて、肛門までスライドさせて骨をはがす。

中骨を取る

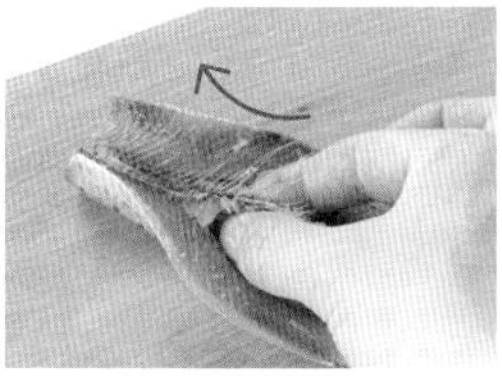

背骨を親指と人差し指でつまみ、スライドさせて中骨をはずし、尾びれの付け根を包丁で切る。

腹骨をとる

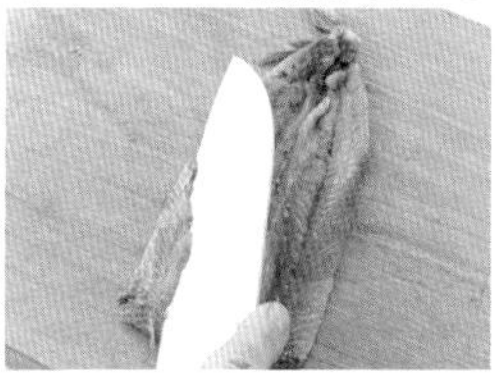

腹骨が残っていたら、包丁で薄くすくようにして削ぎ落とす。

半分に切る

フライや天ぷらならこのままでOK！ 刺身にするときは、背骨のラインに沿って半身にカット。

皮をひく

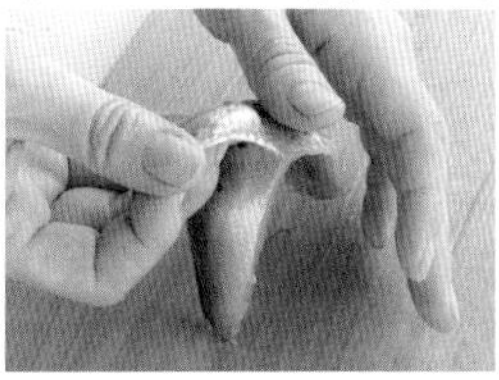

頭のほうの皮をつまんでめくり、左の親指でぽんぽんと身を押し下げるようにするとするんと皮がむける。

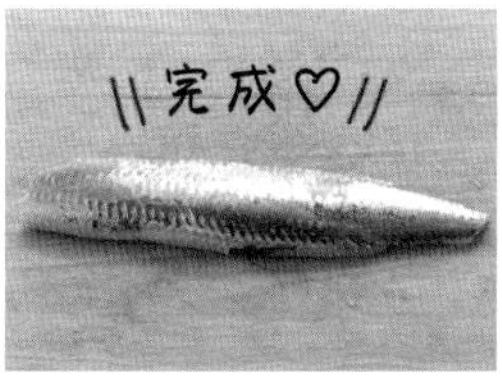

慣れれば簡単！ 手早く開いて、イワシを温めないことがおいしさをキープするポイントです。

どこよりも詳しく解説！

2枚おろし＆3枚おろし

試行錯誤の上、たどり着いたダンノ流のさばき方です。魚のプロとは若干手順が異なりますが、家庭の包丁でもさばきやすく、初心者でも失敗の少ない方法です。さあ、肩の力を抜いてスタート！

血や内臓で汚れるのを防ぐため、内臓をとるまではまな板に紙を敷いておく。

ゼイゴをとる

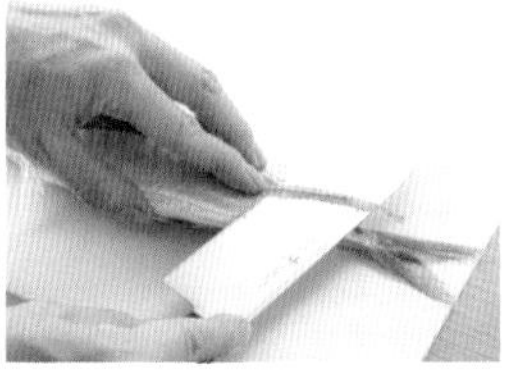

アジには、ゼイゴというウロコの進化した硬いトゲがついている。端に包丁の刃を入れ、左の人差し指でゼイゴを押さえながら、包丁の刃元から刃先まで動かしてそぎ取る。

ウロコを引く

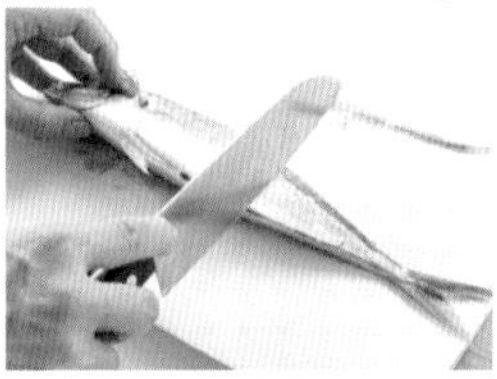

左手で胸びれと頭を持ち、右から左へ包丁をすべらせてウロコを引く。裏側も同様に。

頭を落とす

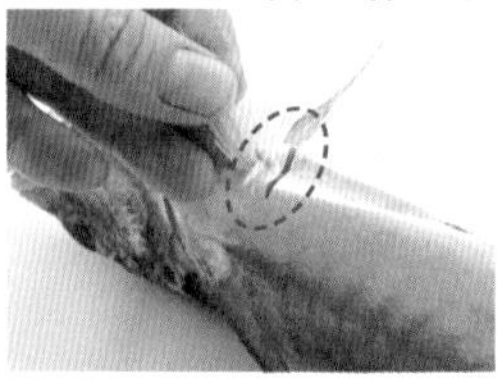

お腹を上に向け、腹びれの根元に包丁でまっすぐ1cmほど切れ込みを入れる。

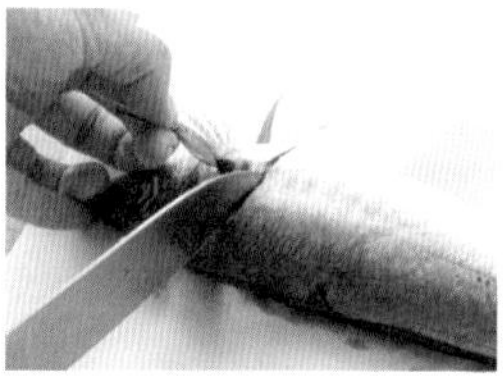

背が手前にくるように倒し、内臓を傷つけないように胸びれを左手で少し引っ張って、その右脇と腹びれを結ぶラインに包丁を入れる。

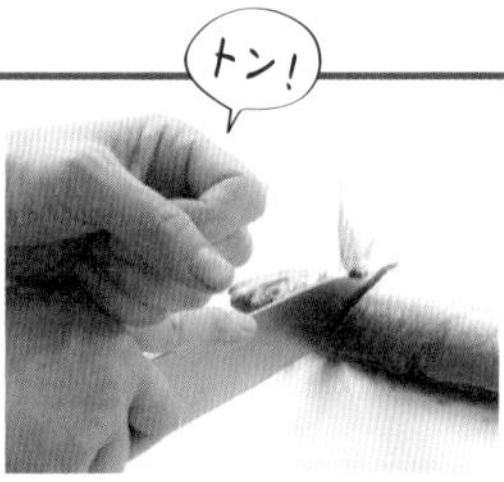

背骨に刃が当たったら、包丁を垂直に当て、握っている右手を上から軽くトン！と叩いて骨を切る。

お腹が手前になるように裏返し、胸びれの右脇と腹びれを結ぶラインを切ると、頭が身と離れる。このときはまだ頭と内臓はくっついたまま！

内臓をとる

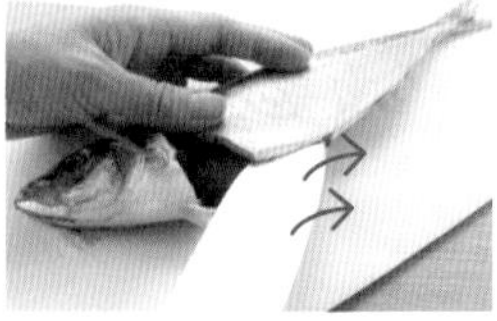

アジを斜め45度に回転させ、包丁の刃を右側に向けて（逆さ包丁）お腹に差し込む。刃を押し出すようにして肛門まで切る。

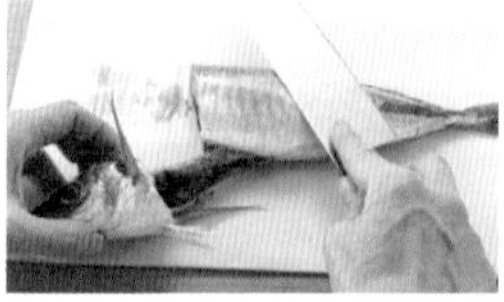

アジの向きを戻し、包丁で身を軽く押さえながら、頭を手前にそっと引いて内臓をとる。

血合をとる

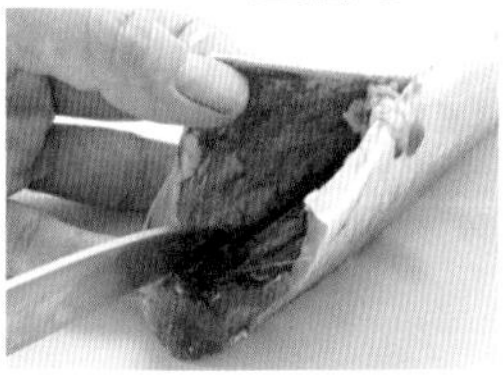

血合の表面の薄い膜に包丁で切り込みを入れる。

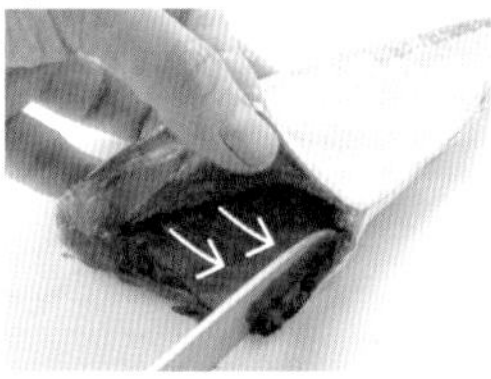

奥から手前に、腹骨の曲線に沿って包丁の刃をスライドさせ、血合をこそげ取る。反対側も同様に。

お腹を洗う

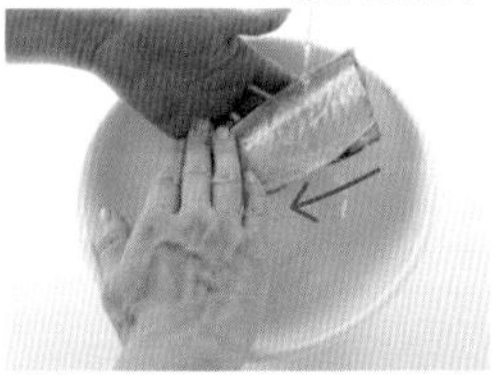

表面は、頭側から水をかけ、手でやさしくなでるようにして汚れや残っているウロコを流す。

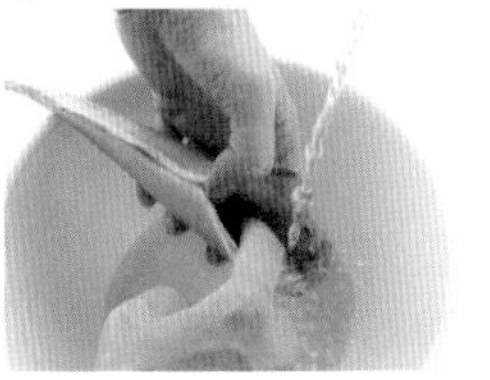

背骨を1〜2回なぞるようにして、お腹を洗い流す。水っぽくなるのを防ぐため、手早く！

水けをとる

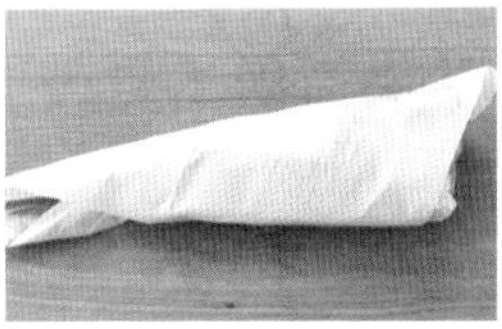

すぐにキッチンペーパーで包んで表面の水けをとり、お腹の中も包んでいたペーパーで拭く。

背側の身を切る

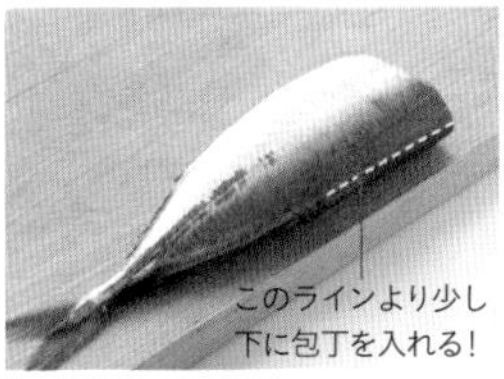

背びれの少し上、白っぽいラインよりも少し下に包丁を当て、左手で軽くアジを押さえながら、包丁を持った腕ごと尾側にすっと引いて切れ目をつける。

頭側から切れ目に包丁を差し込む。うまく入ると刃が中骨の上にぺたりと乗った状態に。そのまま包丁を尾に向かって引く。包丁は必ず一方通行、切れない場所はもう一度包丁を入れてすっと引く。

腹側の身を切る

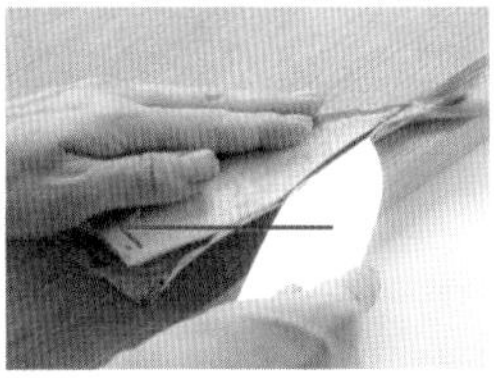

尾が右手側にくるように回し、尾びれの上から包丁を入れ、頭に向かって包丁をすっと引く。背側と同様に中骨に包丁の刃を乗せるようにして、包丁を引く。

中骨をはずす

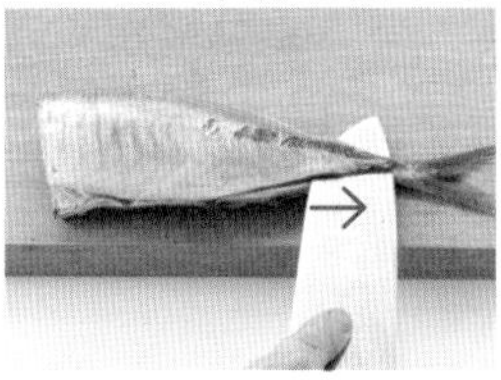

ここまできたら、身がつながっているのは真ん中の背骨のラインだけ。刃を尾の側に向けて包丁を差し入れ、尾の付け根の身を切る。

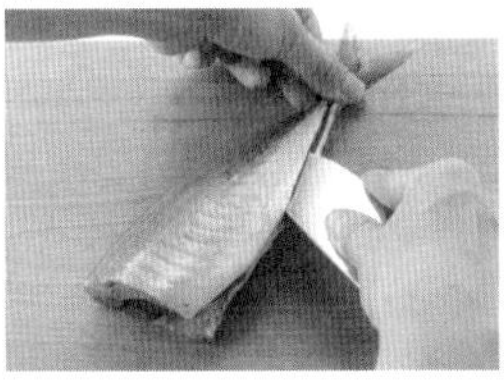

包丁の向きを変え、背骨に刃を乗せたまま、手前に向かって包丁を手前にすべらせる。

身がはずれ、尾側の身を逆さ包丁で切ったら2枚おろしの完成。骨からもいいだしが出るので、煮付けにするなら2枚おろしがおすすめ！

下身（裏側の身）をおろす

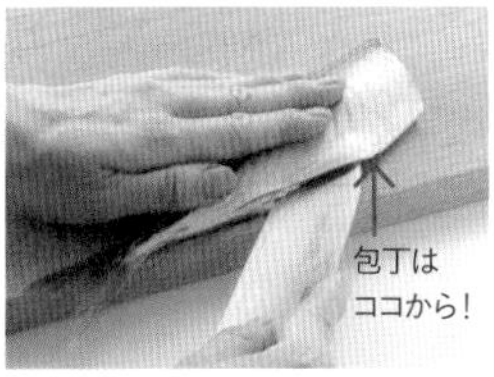

まな板のふちギリギリにおいて、腹側から包丁を入れ、上身（表面）と同じ要領で包丁を引いて切れ目を入れ、中骨の上をすべらせるようにして切る。

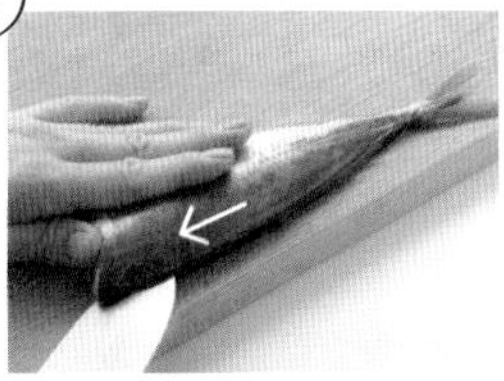

背側も同様に切れ目を入れてから、中骨の上に刃が乗るように差し込み、包丁を水平にしたまま尾に向かって引く。

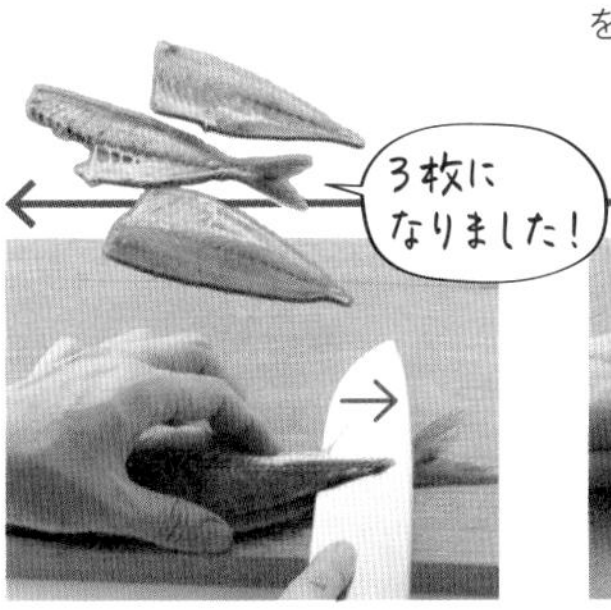

身がはずれたら、逆さ包丁にして尾側の身を切り離す。

腹骨をすき取る

包丁の背を腹骨のつけ根に差し込み、血合骨と腹骨をはがす。

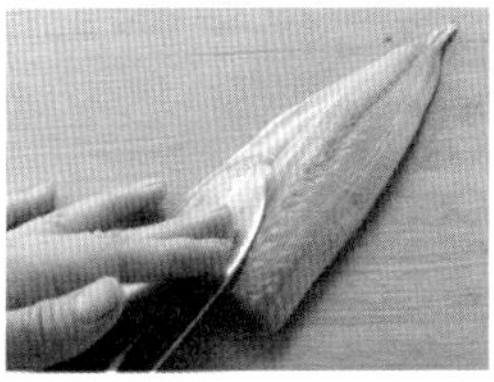

腹骨の付け根に刃を合わせ、指と刃で腹骨をはさみながら、包丁の柄の方向にむかって引いて、腹骨をそぐ。

皮をむく

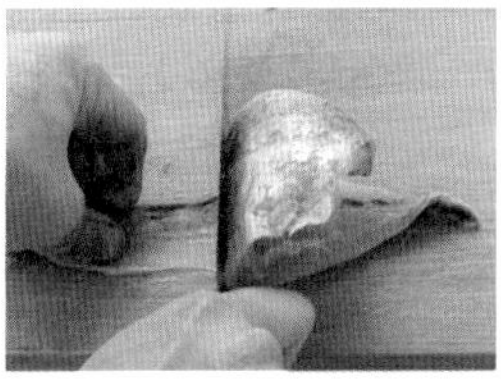

頭側の身の角の皮を指でめくり、皮を下にしてまな板におく。皮を左手で押さえ、包丁の背をまな板にぴったり当てて右にスライドさせる。

血合骨を取る

背骨のラインを細く包丁で切り取って、血合骨を除く。骨抜きで抜くときは皮をむく前に。

刺身ならその日のうちに食べきって！　加熱調理するなら、皮をむく前の工程でキッチンペーパーにくるんでからラップに包んで冷蔵庫へ。翌日までは保存OK。

まずはコレだけ！ 主要道具3+2

特別な道具は必要なし！ 調理後のケアも合わせてお伝えします。

キッチンバサミ

えらやひれをとるときには、キッチンバサミが便利。包丁よりも力をいれずに落とすことができる。イカの吸盤とりなどにも活躍！

包丁

包丁の種類は、三徳包丁、ペティナイフなど何でもOK！　切れ味が鈍っているときは、研ぎ器やシャープナーでさっと研いで。

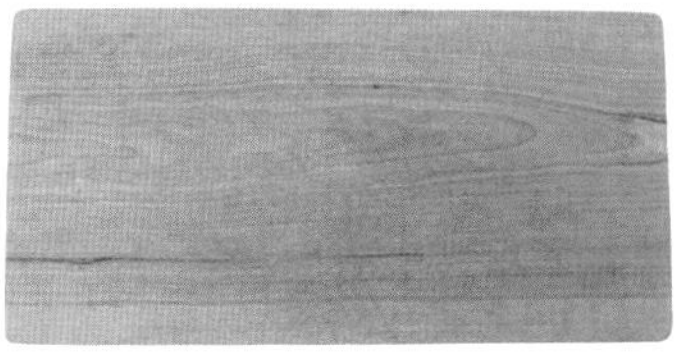

まな板

木製のまな板は魚がすべらず安定するが、漂白できるプラスチック製も使い勝手がよい。調理の際は、下にすべり止めシートや濡れ布巾を敷いて。

このほかに、魚の水分を拭き取るためのキッチンペーパーがあれば完璧！ 魚をさばくときには、まな板に汚れやニオイがつくのを防ぐために、汚れてもよい布巾、新聞紙などのいらない紙を準備するとよい。

バーナー

皮をさっと炙るだけで、一気にお店の雰囲気に。皮の下の脂がとけて、うまみが感じやすくなる。魚好きのテンションを上げるアイテム。

骨抜き

頻繁に魚をさばくなら、骨抜きも持っておきたい。腹骨を包丁ですくと身が少なくなってしまう小魚などは、骨抜きでていねいに除くのが◎。

「キッチンが魚くさい！」という事態を防ぐには、道具のお手入れと生ゴミの処理が肝心！

気になるニオイケア

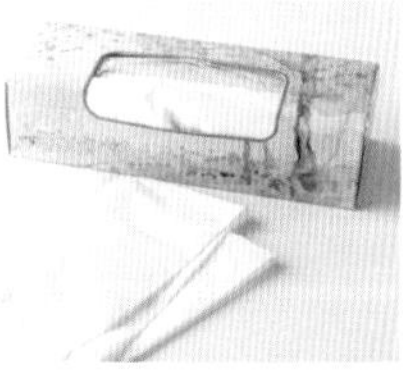

生ゴミ用のビニール袋が優秀！

内臓や骨は水けをきり、いらない紙に包んで厚手の袋へ。食パンの袋や生ゴミ用のゴミ袋はにおいがもれにくい。

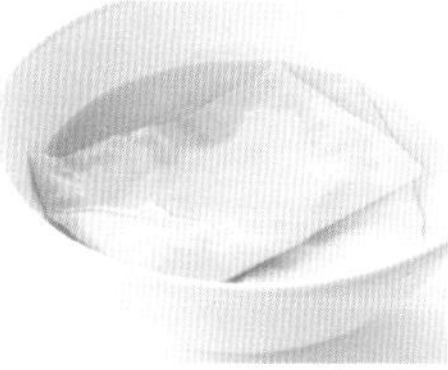

ふきんは漂白剤で除菌！

布巾にもニオイがつきやすいので、漂白剤をとかしたぬるま湯につけて除菌を。使い捨て布巾を活用しても◎。

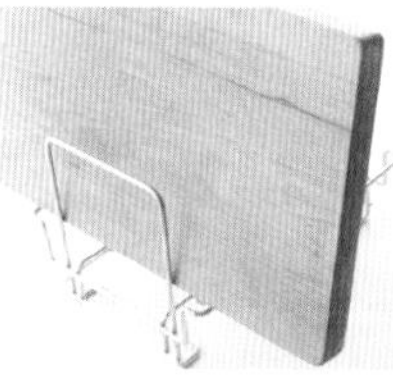

使った後はしっかり乾かす！

使い終わったらクレンザーや洗剤で洗い、完全に乾かしてからしまう。木目と平行に立てると、早く水がきれる。

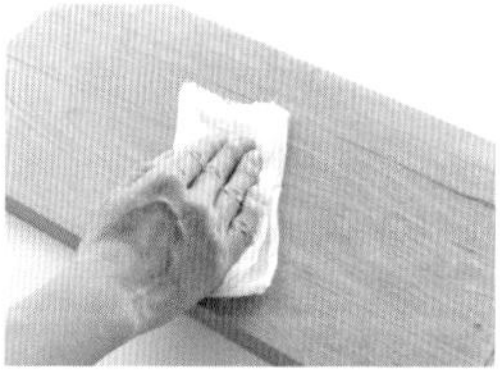

木のまな板は水で濡らしてから

木製のまな板を乾いたまま使うと、洗ってもにおいや血がとれにくくなるので注意。必ず一度水に通し、軽く拭く。

1章

切ってのせるだけで
このウマさ……！

海鮮のっけ飯

新鮮プリプリな魚が手に入ったら、
まずは生で味わいたい。
とろっ、コリコリ、むちむち……！
食感も味わいも個性豊かな魚たちを
シンプルにいただく海鮮のっけ飯は、
シンプルだからこそ下処理が肝！
うまみを凝縮させる塩づかいや、
バーナーで豪快に炙るひと手間、
見た目も美しい切り方テクで、
それぞれの魚のチャームポイントを
最大限に引き出します。
スーパーの刺身で、港町の食堂のような
そそる海鮮丼をご堪能あれ！

まぐろの魅力と
直球勝負！
つややかな切り口に
ときめきが止まらない

王道マグロ丼

作り方→16ページ

柵ごとサッと
ゆでるのがポイント！
黄金比のタレで
寿司屋クオリティに

江戸前風の漬けマグロ丼

作り方→17ページ

王道マグロ丼

赤身、中トロ、好みの部位を好きなだけ切りつけて。自家製のねぎトロとともに盛りつければ、目にも美しい丼の完成！

材料（2人分）

マグロ…1柵（120g）
マグロ中落ち…80g
長ねぎ…5cm長さ
きゅうり薄切り、わさび…各適量
すし飯（作り方P.17）…丼2杯分

作り方

1 マグロは両面に焼き塩（分量外）を振って15分ほどおき、キッチンペーパーで水分を拭き取る。

2 長ねぎはあらみじん切りにする。

3 マグロをそぎ切りにする。まな板の手前に、スジが右下に下がるように柵をおき、スジと直角になるように包丁を斜めに当てて、刃元から刃先までを使って包丁を引く。厚みは1cm程度が目安。一気に切れないときは、一度包丁を抜いて、もう一度包丁を入れて同様に包丁を引く。

4 中落ちと刺身の端、**2**を合わせて包丁で叩く。

5 器にすし飯をよそい、**3**、**4**を盛り、きゅうりを飾ってわさびを添える。

塩での下処理には、しょうゆをつけたときに味がなじむ効果も。

繊維に対して直角に包丁を当てて引き切ると、お店のような切り口に。

江戸前風の漬けマグロ丼

江戸にマグロを運ぶために考案された保存術が「漬け」。一晩おくことで、赤身のうまみが引き立ちます。

材料（2人分）

マグロ（赤身）…1柵（150g）

A しょうゆ、酒…各大さじ1

焼きのり、わさび…各適量

すし飯…丼2杯分

◉自家製すし酢の作り方

鍋に米酢200㎖、砂糖大さじ5、塩小さじ2を合わせて砂糖をとかし、中火にかける。沸騰して30秒ほどしたら、火から下ろして清潔な保存容器に移す。昆布5㎝角1枚を入れて、一晩おく。常温で6ヶ月ほど保存可能（夏場は冷蔵庫へ）。

◉すし飯の作り方（作りやすい分量）

米2合は洗い、1.5合の目盛りまで水を入れて炊飯する。炊き上がったら、自家製すし酢大さじ8を回しかけて1分ほどおき、しゃもじでやさしく持ち上げて上下を返し、ボウル全体に薄く広げて、さらに1分待つ。ごはんの上下を返し1粒1粒をほぐすように混ぜたら、濡れ布巾をかける。時間があるときは、この作業をもう一度くり返す。

作り方

1 フライパンに湯を沸かし、マグロを30秒ほど入れて表面の色が変わったら取り出して、氷水にとる。キッチンペーパーで水けを拭く。

2 乾いたキッチンペーパーで巻き直してポリ袋に入れ、**A**をかけて全体に行きわたらせたら、袋の口を閉じて冷蔵室で一晩おく。

3 キッチンペーパーをはずし、7〜8㎜の厚さに切る。

4 器にすし飯、**3**を盛り、ちぎった海苔を散らし、わさびを添える。

熱湯で表面の組織をかためることで、保存性が高まるとともに調味料が入りやすくなる。

キッチンペーパーで巻いてから漬けることで、少ない調味料で表面にほどよく味が入る。

おさかなmemo

本マグロ、メバチマグロ、キハダマグロなど、季節によってスーパーに並ぶマグロは変わります。
解凍ものは2回ほど下処理の塩をして、ドリップの元となる水分を抜くと、よりおいしく食べられます。

梅しそ風味のなめろう丼

アジのほか、イワシやサンマ、カツオ、トビウオなど、青背の魚ならなんでもOK! 最後はお茶漬けで締めるのが漁師風。

ほどよい酸味が食欲をそそる、さっぱり上品なのっけ飯

材料(2人分)

アジ(刺身用)…100g

A みそ、梅干し、酒…各小さじ1

しょうが薄切り…3〜4枚

長ねぎ…3cm長さ

大葉…適量

ごはん…丼2杯分

作り方

1 しょうが、長ねぎは粗みじん切りにする。アジの刺身はバットに並べ、両面に焼き塩(分量外)を振って15分ほどおき、キッチンペーパーで水分を拭き取る。

2 アジは1cm幅に切ってから包丁で軽く叩き、**1**、**A**を合わせ、さらに叩きながら混ぜる。

3 茶碗にごはんをよそい、**2**を盛り、ちぎった大葉を散らす。

こまかく叩けばねっとり食感、あらめに叩くとプリッとした歯ざわりに。

塩を振るひと手間で、うまみが凝縮してしっとり仕上がる。

おさかなmemo

長ねぎの代わりに玉ねぎを使えば、甘みが出てまた違う味わいに。ぜひ食べ比べを!
みそ、梅干しはメーカーによって塩分が違うので、味をみながら調整して。

さんが焼き

ごま油の香りをまとわせて、風味よく焼いたアレンジレシピ。濃厚なうまみが口いっぱいに広がります。

作り方と材料

アジ100g分のなめろう（P.18の**2**）に**かたくり粉大さじ1**を合わせてさらに叩き、4等分にする。両手に**ごま油少々**を塗って小判型に成形し、**大葉**でくるむ。残りも同様に成形し、**大さじ1のごま油**を熱したフライパンで焼き色がつくまで両面を2〜3分焼く。

ねご飯

ねご飯は、伊豆のご当地漁師飯。数種類の刺身をみそと合わせて叩きます。青背のほか、白身やホタテを入れても。

作り方と材料

P.18のアジの刺身を、刺身盛り合わせにおき換えるだけ。写真では、鯛、カンパチ、アジの盛り合わせを使用。ごはんをよそい、大葉を敷き、なめろうをのせて、白ごまを振る。

おさかな memo

青背の魚は酸化しやすいので、生で楽しむレシピは買ってきたその日に。
翌日に食べる場合は、さんが焼きのように火を通した調理がおすすめです。

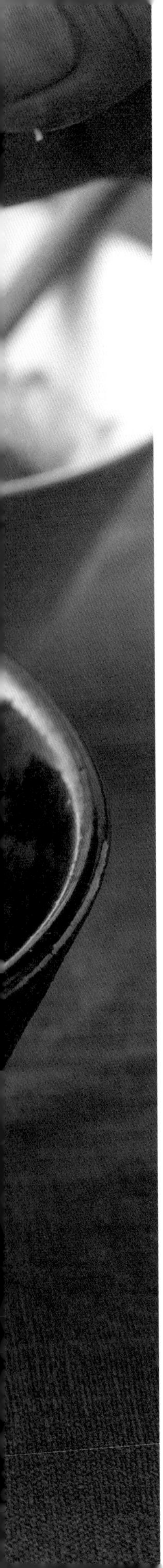

鯛のごまダレ丼

淡白なイメージの鯛ですが、塩で下処理をすればうまみがギュッ！
濃厚なごまダレにも負けない、上品で力強い甘みを堪能できます。

材料（2人分）

鯛（刺身用）…1柵（160g）
A しょうゆ、みりん、酒、砂糖…各大さじ½
すりごま…大さじ2
ごはん…丼2杯分
すりごま…適量
卵黄…2個分

作り方

1 鯛は両面に焼き塩（分量外）を振って15分ほどおき、キッチンペーパーで水けを拭く。

2 鍋に**A**を合わせて中火にかけ、沸騰して30秒ほどしたら火を止め、ボウルなどに移す。粗熱が取れたらすりごまを混ぜる。

3 鯛をそぎ切りにする。まな板の手前に柵をおき、包丁を斜めに当てて刃元から刃先までを使って引き切る。

4 器にごはんをよそい、**3**を盛り、すりごまを振る。**2**のタレと卵黄を添える。

包丁は「引く」のみの一方通行。一度で切れない場合は、もう一度包丁を入れ直して引き切る。ごまダレに合うよう、厚めに切って。

おさかなmemo
刺身用の柵で作るのが手軽ですが、鮮魚店で3枚におろしてもらったものを使うのもおすすめ。P.21のように皮付きの身を炙ったり、サーっと熱湯をかけて湯引きすれば、皮の下の脂も楽しめます。

むっちりした鯛に
甘めのタレと
コクのある卵が
からむ至福の丼

金目の炙り丼

ほんのり甘いタレで軽く漬けたら、バーナーで豪快に炙って香ばしさをプラス。ガツンと直撃するうまみは悶絶級です。

材料（2人分）

金目鯛（刺身用・3枚におろしたもの）…小1尾分
A しょうゆ、みりん、酒…各大さじ1と½
長ねぎ…5cm長さ
しょうが（薄切り）…2～3枚
わさび…適量
ごはん…丼2杯分

作り方

1 ねぎは斜め薄切りにする。しょうがはせん切りにしてさっと水にさらし、ざるに上げておく。

2 金目鯛は全体に焼き塩（分量外）を振って15分ほどおき、キッチンペーパーで水けを拭く。皮目に縦に切り込みを入れてポリ袋に入れ、**A**と合わせ、袋の空気を抜き、口を縛って30分ほど漬け込む。

3 **2**の汁けをキッチンペーパーで拭き取り、皮を上にしてバットなどにのせる。袋に残った漬けダレは鍋に入れて中火にかけ、少しとろみが出るまで煮詰める。

4 **3**のバットをグリルの網の上、ガスコンロの上など安全な場所におき、皮目を端からバーナーで炙り、粗熱が取れたらそぎ切りにする。

5 器にごはんをよそい、**3**のタレをかけて、**4**を盛り、**1**とわさびを添える。

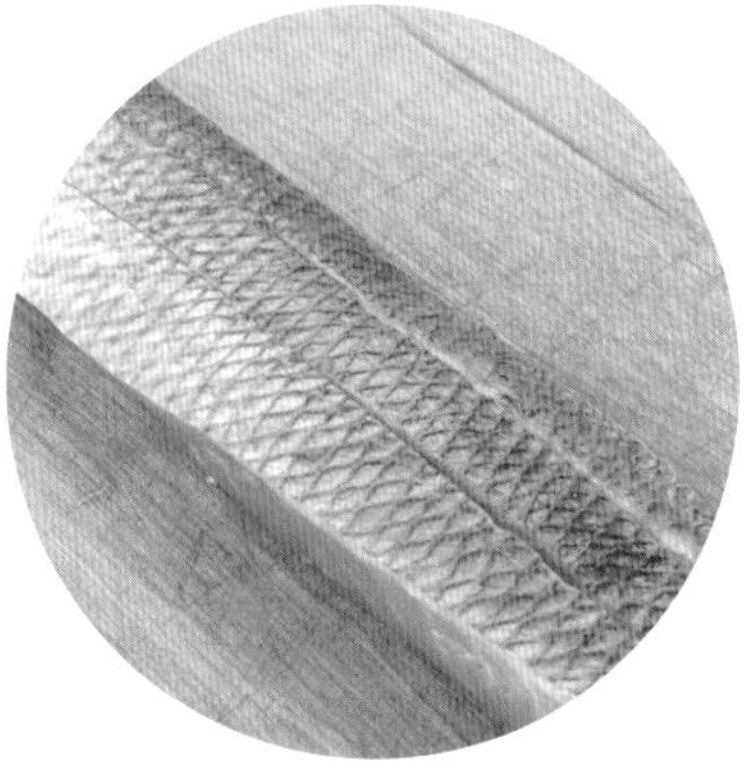

皮目に切り込みを入れて漬けタレへ。味の染み込みがよくなるほか、皮が反らないので炙ったときの姿も美しくなる。

バーナーがないときは、フライパンに魚用ホイルを敷いて皮目を軽く焼いてもOK。

おさかな memo

金目鯛は、主に静岡、外房、伊豆七島などで獲れる高級魚。漬けた金目鯛は、冷蔵庫で2～3日保存可能。30分ほど漬け込んだらタレから取り出し、空気に当たらないようにラップでぴっちりくるんでポリ袋へ。食べる直前に炙ります。

鮮やかな赤に
そそる焦げ目、
ちらりとのぞく白い身の
コントラストにしびれる

サーモンといくらの親子丼

高級食材のいくらも、手仕込みすればコストダウン。
たっぷり贅沢にのせられます。

濃厚な卵のうまみに心躍る人気の海鮮丼

材料（**2人分**）

サーモン（刺身用）…1柵（200g）
いくらのしょうゆ漬け…適量
三つ葉…適量
すし飯…丼2杯分

作り方

1 サーモンは全体に焼き塩（分量外）を振ってしばらくおき、水けを拭いて、そぎ切りにする。

2 丼にすし飯、**1**、いくらのしょうゆ漬けを盛り、ざく切りにした三つ葉をのせる。

冷凍保存もできる！

いくらのしょうゆ漬け

材料（**作りやすい分量**）

すじこ…½腹（200g）
塩水（2〜3％）…3L程度
A しょうゆ…大さじ1
みりん、酒…各大さじ2

★小鍋に**A**を入れて中火にあけ、沸騰して20〜30秒したら火を止め、冷めるまでおく。

1
ボウルに両手が浸かるくらいの量の塩水を入れる。すじこを塩水のなかで膜を開き、縦に割る。

2
親指と人差し指で輪をつくり、やさしくすべらせるようにしごいてほぐし、膜をとり除く。

3
ざるに上げてボウルに戻し入れ、60度に温めた塩水をたっぷり注ぐ。表面が白っぽくなっても大丈夫！

4
やさしく混ぜ、白っぽい薄皮や膜、汚れが浮いてきたら湯を捨てる。これを2〜3回くり返し、ざるに上げる。

5
清潔な保存容器に入れ、いくらがかぶる程度の調味液を注ぐ。保存は冷蔵で1週間。密閉容器に入れて冷凍も可能。

おさかなmemo
すじこをほぐすときに60〜70度のお湯を使うのは、アニサキス対策の意味合いも。
一方、調味液が熱いままだといくらに火が通ってしまうので、必ず冷ましてから漬け込みます。

宮崎風のカツオ漬け丼

カツオは赤黒いものや表面が虹色に光っているものは避け、赤が鮮やかで濃いものを選びます。

材料（2人分）

カツオ（刺身用）…½柵（200g）
A しょうゆ、みりん、酒、砂糖
…各大さじ1と½
青ねぎ（小口切り）、
しょうが（みじん切り）、
白ごま…各適量
卵黄…2個
ごはん…丼2杯分

作り方

1 カツオは全体に焼き塩（分量外）を振り、15分ほどおいてキッチンペーパーで水けを拭く。

2 **1**を適当な大きさに切ってボウルに入れ、Aをからめ10〜15分おく。

3 器にごはん、**2**を盛り、青ねぎ、しょうが、白ごまを散らし、中央に卵黄をのせる。

カツオの力強い個性と
九州風の甘めのタレの
バランスが絶妙です

カツオのたたき茶漬け

身がやわらかなかつおは、厚めに切ってとろける食感を存分に味わいます。

材料（2人分）

カツオのたたき…½柵（200g）
青ねぎ（小口切り）、きざみのり、わさび…各適量
A だし…300㎖
しょうゆ…大さじ1

作り方

1 カツオは表面をガスバーナーで炙り、5㎜厚さに切り、表面に焼き塩（分量外）を振って15分ほどおき、キッチンペーパーで水けを拭く。

2 器にごはんを盛り、**1**をのせ、青ねぎ、きざみのりを散らす。温めた**A**をかけていただく。

市販のカツオのたたきも、バーナーで炙り直すだけで香ばしさがアップ。

おさかなmemo
カツオの旬は2回。4～5月の初ガツオと9～10月にピークを迎える戻りガツオです。春のカツオはさっぱり、秋に近づくにつれて脂がのってきます。

手ごねずし

船上で魚をさばき、手で混ぜ合わせたことが名前の由来と伝わる三重県の漁師飯。マグロのほか、カツオでも作られます。

材料（2人分）

マグロ切り落とし…100g
A しょうゆ、みりん、
　酒…各大さじ½
しょうがの甘酢漬け…30g
きゅうり…½本
みょうが…2本
たくわん…3~4切れ
白ごま…小さじ1
すし飯（作り方P.17）…1合分

作り方

1 マグロは食べやすい大きさに切り、**A**をからめ10~15分おく。

2 しょうがはあらみじん切りに、きゅうり、みょうが、たくわんは5㎜角に切る。

3 すし飯のごはんをほぐす工程を終えたら、しょうが、白ごまを混ぜる。

4 器に**3**を盛り、**1**、きゅうり、たくわんを均等にのせ、白ごま（分量外）を振る。

薬味を混ぜ込んだ
さわやかな酢飯が
マグロのうまみを
引き立てます

おさかな
memo

脂が多い中トロ、大トロは、味が染み込みにくいため、切ってから漬けるほうが向いています。

一方、赤身の部位は「江戸前風の漬けマグロ丼」(P.17)のように柵ごと漬け、味が濃くなりすぎないようにします。

桜えびのかき揚げ風丼

タネをまとめずにパラパラとフライパンへ。揚げ物初心者でも失敗知らずの新・かき揚げです。

材料（2人分）

桜えび…80g
玉ねぎ…½個
A 小麦粉…大さじ4
　かたくり粉…大さじ2
　塩…2つまみ
B しょうゆ、みりん、酒…各大さじ2
　削り節…1パック（1〜2g）
三つ葉…適量
揚げ油…適量

作り方

1 小鍋に**B**を入れて中火にかけ、半量になるまで煮詰め、茶こしでこす。

2 桜えびはキッチンペーパーで水けをとる。玉ねぎは1cm厚さのくし切りにしてほぐす。

3 ボウルに**A**を入れ、水大さじ3を加えてザッと混ぜる。粉が残っていてOK。

4 別のボウルに桜えびを入れ、小麦粉大さじ1弱（分量外）を全体にまぶし、様子を見ながら**2**の衣を大さじ1〜2くらい加えて合わせる。粉が残りつつ、全体がやっとまとまる程度でOK！

5 フライパンに高さ1cmほどの油を入れて中火で熱し、170度程度になったら**4**をバラバラと落とす。下の面がカリッとしたら裏返し、きつね色に揚がったら油を切る。

6 玉ねぎも小麦粉大さじ1弱（分量外）をまぶし、衣を合わせ、同様に揚げる。

7 器にごはんをよそい、**5**、**6**を山盛りにのせて**1**のタレをかけ、ざく切りにした三つ葉を散らす。

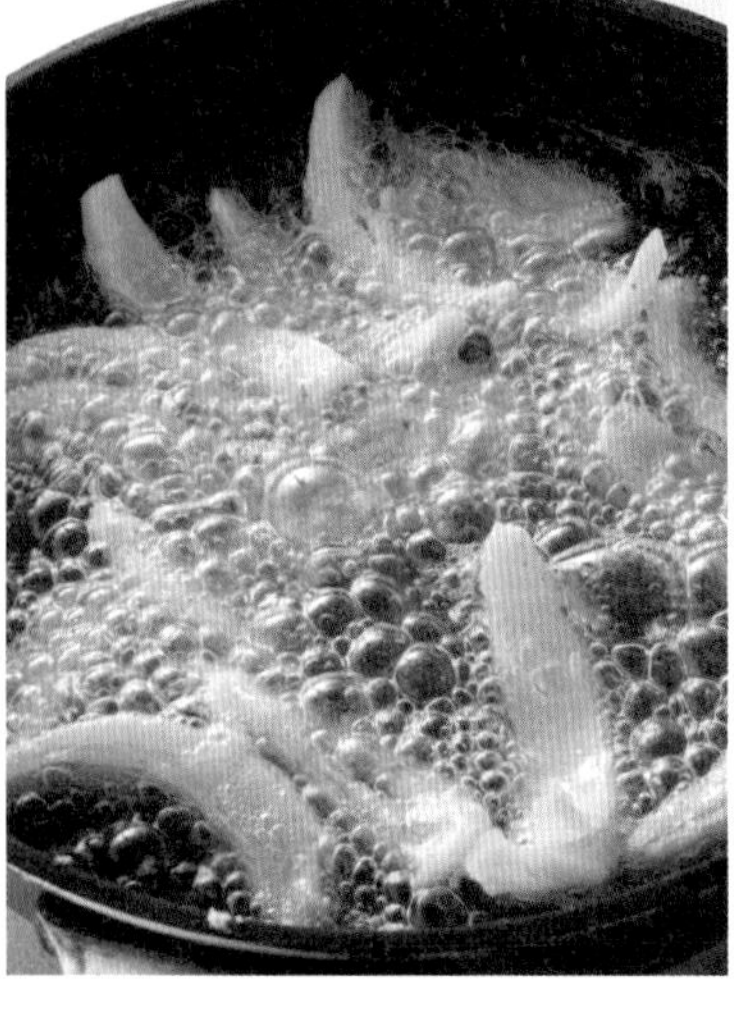

この香りと甘みは
高温で揚げるからこそ！
揚げ物のハードルを
飛び越えてぜひ！

おさかな memo

先に桜えびを揚げるのは、玉ねぎにもえびの香ばしい香りを移したいから。残った油は、香味油として中華の炒め物に使えます。サッと漉して、密閉容器で保存しましょう。

Column1

盛り合わせて オリジナル丼

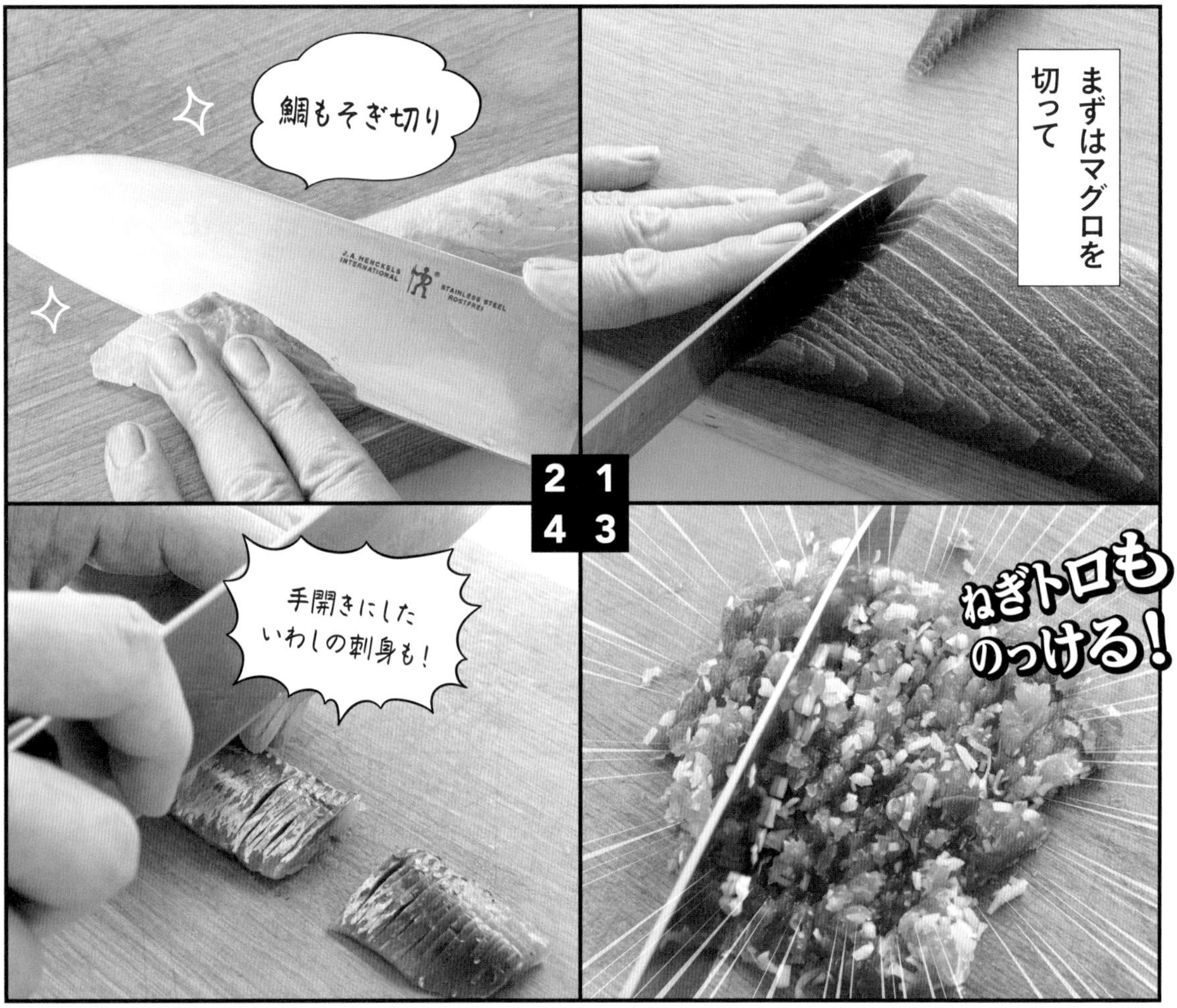

※いわしの手開きはP9参照

漁港ランチの定番、海鮮丼をおうちで満喫！

海辺の観光地では、地魚をこれでもか！　とのせた豪華海鮮丼が人気。刺身の扱いをマスターしたら、好みの刺身をいくつか用意して、オリジナルの海鮮丼を作ってみては？

刺身を大きく見せたいときは、この本でも紹介している「そぎ切り」がおすすめ。包丁を寝かせて切ると、断面を大きくできて見栄えもアップします。手開きにしたいわしは、小骨を切るために表面にこまかく飾り包丁を入れます。自分で切りつけた刺身で作った海鮮丼は、おいしさもひとしおです。

2章

おさばき不要！ 丸ごとどーん!!

一尾魚の豪快おかず

鮮魚コーナーに並ぶ、丸ごと一尾のお魚たち。
「家でさばくのはちょっと……」と
素通りするのはもったいない！
お頭つきで売られている魚は、今が旬です。
頭つき、骨つきで調理すると、
骨やアラからもうまみが出て、格別の味わい。
そのまま豪快に煮る、蒸す、焼く！
さばく手間なし、簡単なのに見栄えも満点の
一尾魚のレシピをご紹介します。
イタリアの漁師飯、アクアパッツァや
おもてなしにもぴったりの鯛の塩釜焼など、
歓声が上がること間違いなしの
華やかレシピにも注目です。

シンプルアクアパッツァ

魚介をサッと焼いたら、トマトとともに水で煮るだけ！
フライパンひとつでレストラン顔負けのおいしさに。

材料（2人分）

メバル…2尾（下処理済みのもの）
アサリ（殻つき、砂抜きしたもの）…150g
ミニトマト…8個
にんにく…1かけ
オリーブ油…大さじ3
塩…適量

◉アサリの砂抜き

バットにアサリを重ならないように並べ、2〜3％の塩水をかぶる程度に注ぎ、紙などをかぶせて1時間ほどおく。

作り方

1 メバルはウロコが取れているか確認し、お腹の中をきれいに拭いて、全体に焼き塩（分量外）を振る。にんにくは包丁の腹を当てて潰す。

2 フライパンにオリーブ油、にんにくを入れて中火で熱し、香りがたったら盛り付けたときに上にくる方を下にしてメバルを並べ、途中で上下を返し、両面に焼き色がつくまで焼く。

3 水2カップ、ミニトマトを加えて煮立たせ、そのままときどき煮汁をメバルにかけながら5分ほど煮る。アサリを加え、殻が開いたら味見をし、足りなければ塩少々で味をととのえる。

魚の表面をオリーブ油で焼きつけてから、水を加えて一気に煮立たせることで、煮汁が乳化。うまみ抜群の極上ソースに。

おさかなmemo
アクアパッツァは、イタリア・ナポリの郷土料理。切り身の魚でも作れますが、骨つきの丸魚を使えばさらにうまみとコクがアップ！鯛やタラ、カレイなど、魚はなんでもOK。煮崩れを防ぐため、水を加えたあとは魚に触らないようにします。

ふわふわの身も
ぷりっとしたアサリも
滋味豊かなスープも、
すべてがごちそう！

極上のしっとり感は
蒸し魚ならでは！
ごま油で香ばしさ
をプラスして

イサキの中華蒸し

生でも煮ても焼いてもおいしいイサキは、蒸してももちろん最高なのです。

材料（2〜3人分）

イサキ…1尾（35cmくらい・下処理済みのもの）
粗塩…小さじ1
長ねぎ…1本
パプリカ（赤、黄）…各1/6個
豆苗…1/4パック
しょうが…薄切り6〜7枚
香菜…適量
粉山椒…適量
酒…大さじ1
ごま油…大さじ3

作り方

1 ねぎの白い部分は斜め薄切りに、パプリカはせん切りに、豆苗は半分の長さに切り、軽く混ぜ合わせておく。

おさかなmemo
魚の大きさによって加熱時間は変わります。小ぶりなときは加熱時間を短めに。
大きすぎてフライパンに入らないときは、尾をハサミで切る、身を半分に切るなどで調整します。

2 イサキは頭を左に、腹を手前にしてまな板におき、背びれと尾びれの上側に包丁で切り込みを入れる。胸びれの脇から尾に向かって、背骨に沿って切り込みを入れ、全体に粗塩をまぶして1時間おく。

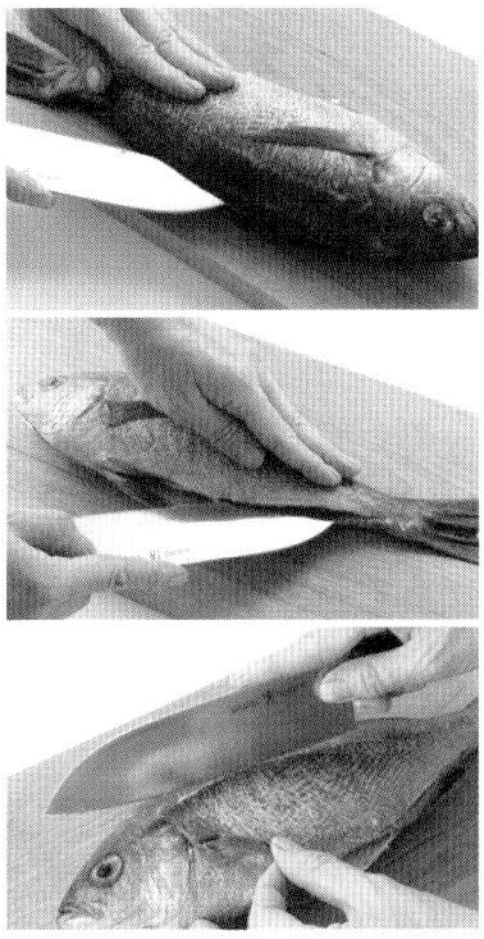

切り込みを入れることで、火の通りがよくなるとともに、加熱後の身離れがよくなって取り分けやすくなる。

3 フライパンにオーブンシートを敷き、中央にねぎの青い部分としょうがをおき、頭が左側を向くようにイサキをのせて、酒を振る。

4 オーブンシートがフライパンの外に出ないように折り込み、シートの下へ水150㎖を注ぎ、ふたをして中火にかける。

5 沸騰してきたら火を少々弱め、湯が沸いた状態を保ちながら15分火にかける。途中で水が少なくなってきたら、水を足す。

6 火を止めてそのまま10分蒸らしてから皿に盛り、**1**の野菜をのせる。

7 小さめのフライパンにごま油を熱し、薄く煙が上がってきたら、熱いうちに**6**の野菜に回しかけ、粉山椒を振り、ざく切りにした香菜を飾る。

スパイスの香りと辛味、
レモンの酸味が
なんともいえずさわやか！

イワシのスパイス焼き

スパイスにつけたイワシに小麦粉をまぶして揚げる、インドの屋台メニューからインスピレーションを得たレシピです。

材料（2人分）

イワシ…4尾
好みの野菜（きゅうり、トマト、香菜など）…適量
A 粗塩、おろしにんにく…各小さじ1
おろししょうが、ガラムマサラ（またはカレー粉）…各大さじ1
レモン汁…大さじ2

作り方

1 イワシはウロコが残っていれば包丁でとる。
2 バットに**A**を合わせて**1**にまぶし、30分〜1時間おく。
3 アルミホイルに**2**を並べ、魚焼きグリルで10〜15分、中火で焼く。途中、焦げそうなら、アルミホイルをかぶせる。ホイルで包み、トースターで10〜15分蒸し焼きにしてもOK。
4 器に盛り、野菜を添える。

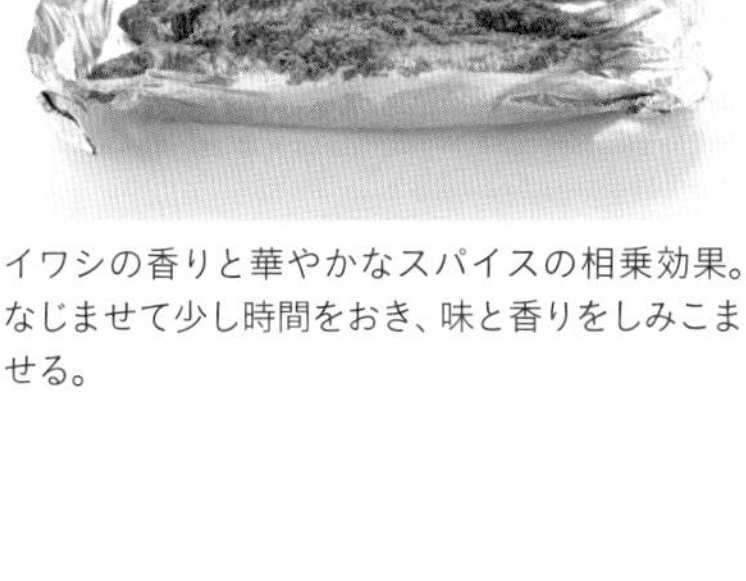

イワシの香りと華やかなスパイスの相乗効果。なじませて少し時間をおき、味と香りをしみこませる。

おさかなmemo

イワシ、サンマなど、プランクトンを食べる魚は、内臓まで丸ごと食べられるので下処理いらず。内臓が苦手な場合は、手開きを使いましょう。生のイワシが手に入らない場合は、丸干しイワシでも代用可能。その場合は、塩を1/3量に減らします。

ハーブ風味の鯛の塩釜焼き

塩で包んで蒸し焼きにした魚は、しっとりしながらも、余分な水分は一切なし。つまり完全なる〝うまみ爆弾〟なのです。

材料（2人分）

鯛…1尾（800g・下処理済みのもの）
塩…800g
卵白…2個分
好みのハーブ（タイム、ローズマリー、ディルなど）…4〜5枝
じゃがいも…2個
ズッキーニ…½本

準備

- オーブンは220度に予熱する。

作り方

1 鯛はウロコ、内臓、エラが残っていないか確認し、キッチンペーパーで水けを拭き取り、おなかにハーブを詰める。

2 ボウルに塩と卵白を混ぜ、両手でおだんごができるくらいのかたさにまとめる。

3 天板にオーブンシートを敷き、魚の大きさに合わせて**2**の¼〜⅓量を敷き、頭が左に、お腹が手前になるようにして鯛をのせ、残りの**2**で頭と身を包み、表面をならす（塩が余ったら尾まで包む）。

4 ペットボトルのキャップで目とウロコの模様を入れる。

5 じゃがいもは半分に、ズッキーニは1.5㎝幅の輪切りにしてオリーブ油をからめて塩（分量外）を振り、天板の空いたところに並べる。

6 オーブンで40分焼き、そのまま庫内で15分おいて余熱で火を通す。スプーンの背などで塩を割り、身を取り分けていただく。

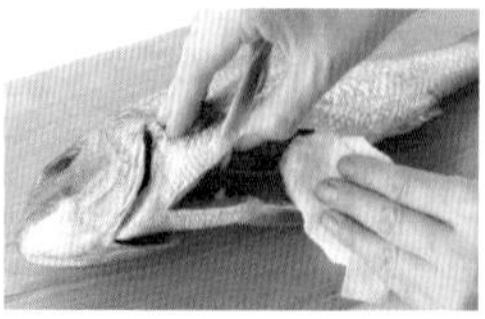
購入するときに「お腹を出してください」とお願いして、内臓をとってもらうとラク！

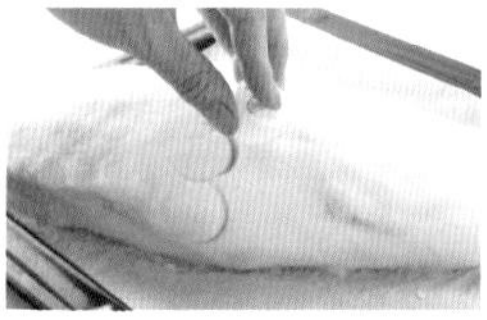
ペットボトルのキャップが、ウロコ模様をつけるのにぴったり。

塩が身に直接当たると塩辛くなるので、塩を除くまでは身をほぐさないこと。

おさかなmemo
ほぐしてからトマトやクリーム系のソースをかけても美味！ ジェノベーゼソースもよく合います。
また、水で戻した昆布を表面に貼り付けてから塩で覆って焼けば、オーソドックスな和風の塩釜焼きに。

オーブンにおまかせで
実は簡単&手間なし！
焼きたてのうまさは
格別です

炊き上がったらしっかり身をほぐして、
鯛のうまみをまんべんなく行き渡らせて

鯛飯

お祝いの席にもぴったりな鯛飯。三枚おろしで炊き込めば、見た目のゴージャス感はそのままに、ほぐしやすくて食べやすい！

材料（作りやすい分量）

血鯛（または真鯛）3枚におろしたもの…1尾（500g、30cm弱のもの）
米…2合
塩…小さじ2
A 酒…50mℓ
　しょうゆ…大さじ1
　昆布…5cm角1枚
　水…350mℓ
しょうがのせん切り、三つ葉…適量

作り方

1 鯛は全体に薄く焼き塩（分量外）を振ってしばらくおき、水けを拭いて、グリルで薄く焼き色がつく程度に焼く。

2 米を洗い、ざるに上げて土鍋に入れ、**1**を1尾の魚になるように組み立ててのせ、**A**を注ぎ、30分から1時間ほど浸水して中火にかける。

3 沸騰してきたら弱火にし、15分たったら火を止めて10分蒸らし、しょうがと三つ葉を鯛の周りに飾る。昆布、頭、中骨を取り出し、血合骨を除いて身をほぐしながら全体を混ぜ、茶碗に盛る。

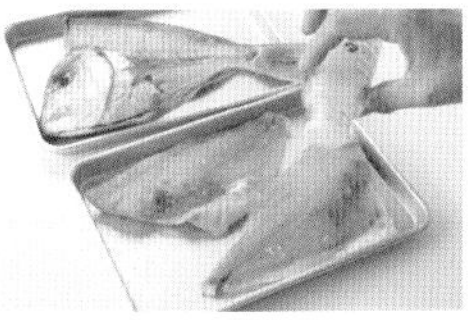

魚屋さんでは「3枚おろしにして、アラもつけてください」とオーダー。全体にしっかり塩を振る。香ばしく焼いてから丸ごとに見えるように組み立て、炊飯。

おさかなmemo
魚は、黒鯛、甘鯛、さわらなどの白身魚や鮭に代えても。
サバやサンマなどの青背魚は生臭みが出やすいので、干物を使うのがおすすめです。

サンマの塩焼き

サンマがジューシーに焼けたなら、あとはごはんとみそ汁さえあれば幸せ。キュッとかぼすを絞っていただきます。

材料（2人分）

サンマ…2尾
焼き塩…適量
大根おろし、すだち…各適量
大葉…適宜

作り方

1 サンマは中骨に沿って包丁で切り込みを入れる。
2 全体に多めに塩を振り、1時間おく。
3 魚焼きグリルに並べ、表面に焼き色がつき、脂がしたたってくるまで焼く。

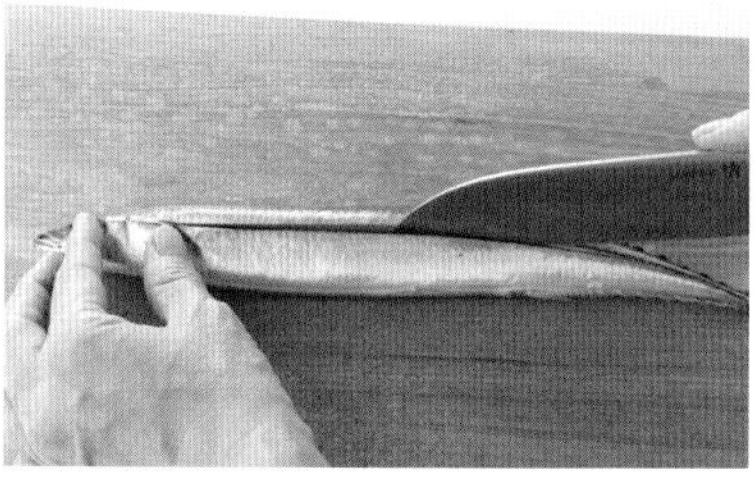

中骨に沿って切り込みを1本。切り込みによって火の通りが早くなるため、脂が落ちすぎず、しっとり焼きあがる。食べやすさも◎。

おさかなmemo

焼き魚は頭を左、お腹を手前に盛り付けるのが和食の基本です。大根おろしなどの添え物は右手前に。

食べるときは背側、腹側、骨をのぞいて下身の背、腹と食べ進めます。

ほろ苦でサクふわ、
小さな体に
豊かな香りを秘めた
初夏の味わい

稚鮎の天ぷら

さらりとした薄づきの衣をまとわせて、少ない油でさっくり揚げます。日本酒にもビールにも合う、絶品おつまみです。

材料（2人分）

稚鮎…10尾

A 小麦粉…大さじ2

かたくり粉…大さじ1

塩…ひとつまみ

小麦粉、揚げ油…適量

かぼす…適宜

作り方

1 稚鮎は肛門にむかって親指と人差し指でしごいて汚れを押し出し、拭き取る。腹部に楊枝で穴をあける。

2 ボウルに**A**を合わせ、様子を見ながら水大さじ2～3を加えて混ぜる。

3 フライパンに高さ1㎝ほどの油を入れて中火にかける。

4 **1**に茶こしで小麦粉を全体にまぶし、余分な粉を落とす。尾を持って**2**の衣にからめて油に落とし、両面を色よく揚げる。皿に盛って、好みでかぼすを添える。

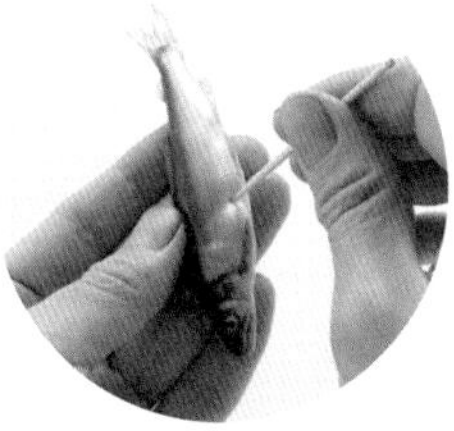

お腹に楊枝で穴をあけるのは、揚げている最中に破裂するのを防ぐため。

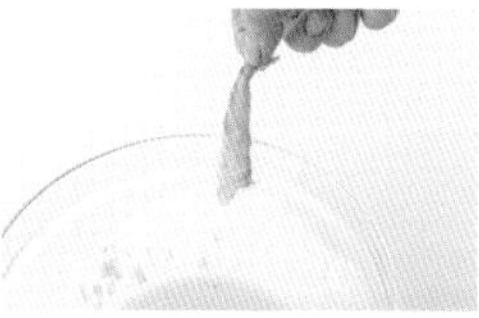

小麦粉をまぶしてから衣にくぐらせると、薄づきでもはがれにくい。

おさかなmemo

肛門から内臓がとけて出ているものは、鮮度が落ちているので避けましょう。豆アジや小イワシ、きびなごなどの天ぷらも美味！ 好みの小魚でトライして。

イカ飯

イカをサッとゆでてから米を詰めるのが隠れたポイント。生のままだとくねくねして入れづらいのです。

材料（2～3人分）

スルメイカ（胴の長さが15cmくらいのもの）…4杯

うるち米、もち米…各1/3合

B 砂糖、酒、しょうゆ、みりん…各大さじ1と1/2

炊飯器におまかせで簡単！ ゲソ入りのもちもちごはんに、イカのうまみがじんわり

イカの下処理

1 胴体から内臓と足を抜く。鍋に2％の塩水を沸かし、胴体をさっとゆで、身がプクっとふくらんだら水に上げて軟骨を抜く。

2 内臓は目のすぐ上から包丁で切り落とす。目玉とくちばしを除き、吸盤はハサミで切り切る。

3 足を1本ずつ切り、長い場合は半分の長さに切って洗い流し、ざるに上げて水けをきる。

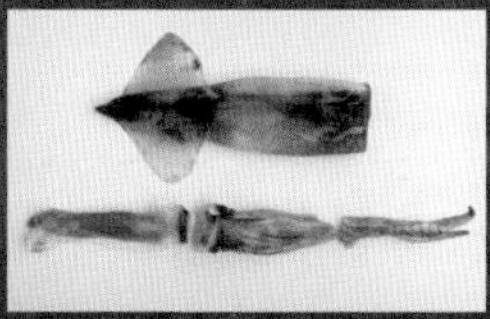

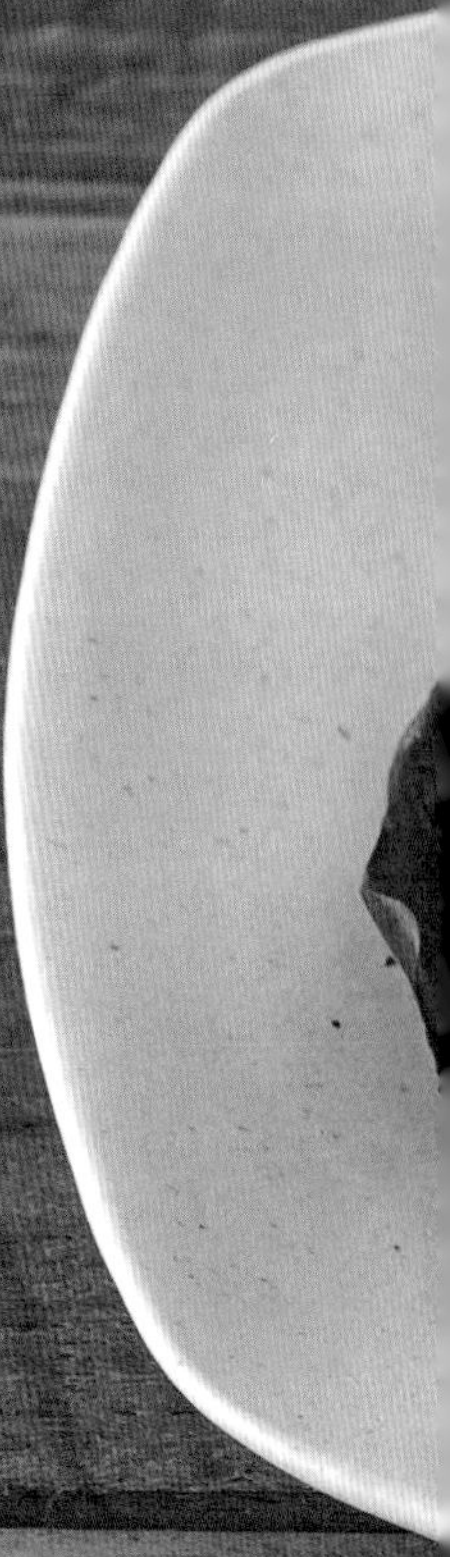

作り方

1 米は洗い、1時間以上浸水してからざるに上げ、ゲソを合わせる。

2 小さめのスプーンでイカの胴体の6〜7分目まで米を詰め、端から1㎝くらいのところを楊枝で留める。

3 炊飯釜に**2**を入れ、**B**、水200㎖を加えて炊飯する。

4 イカ飯を取り出し、好みで炊飯釜に残った煮汁を煮詰めてかける。

米をたくさん詰めすぎると、火が中まで通らず芯が残ることがあるので注意。うるち米ともち米の比率は好みで変えてもOK！

炊飯器におまかせで、しっとりやわらかく煮あげる。写真の炊飯器は3合炊き。

おさかなmemo

函館本線の駅弁として考案されたというイカ飯。
やわらかく煮あげたイカともち米入りのごはんは冷めてもおいしく、腹持ちも抜群！ 行楽弁当にもぴったりです。

もう「食べづらい」なんて言わせないヨ!

Column2

一尾魚をきれいに取り分けるコツ

1

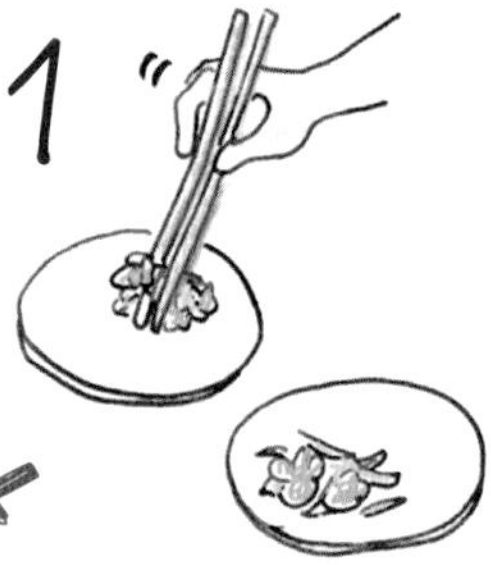

魚の上の香草や薬味を取り分ける。

2

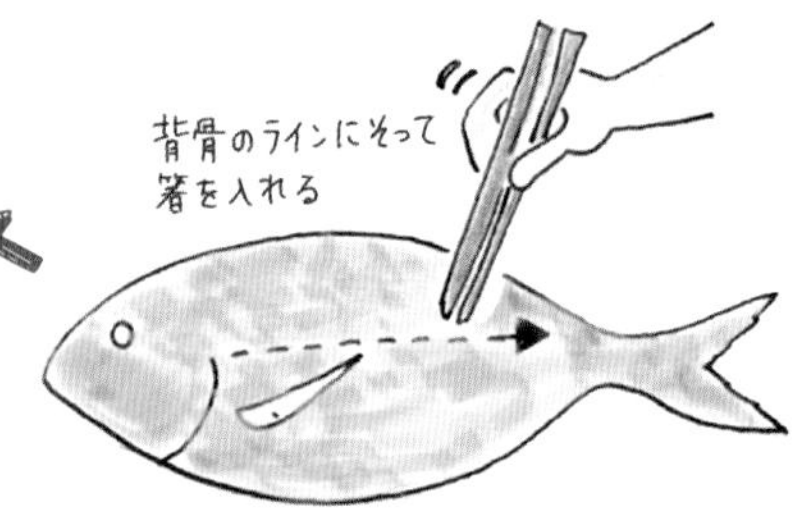

切り込みが入れてあると、スーッと箸が通りやすい!

3

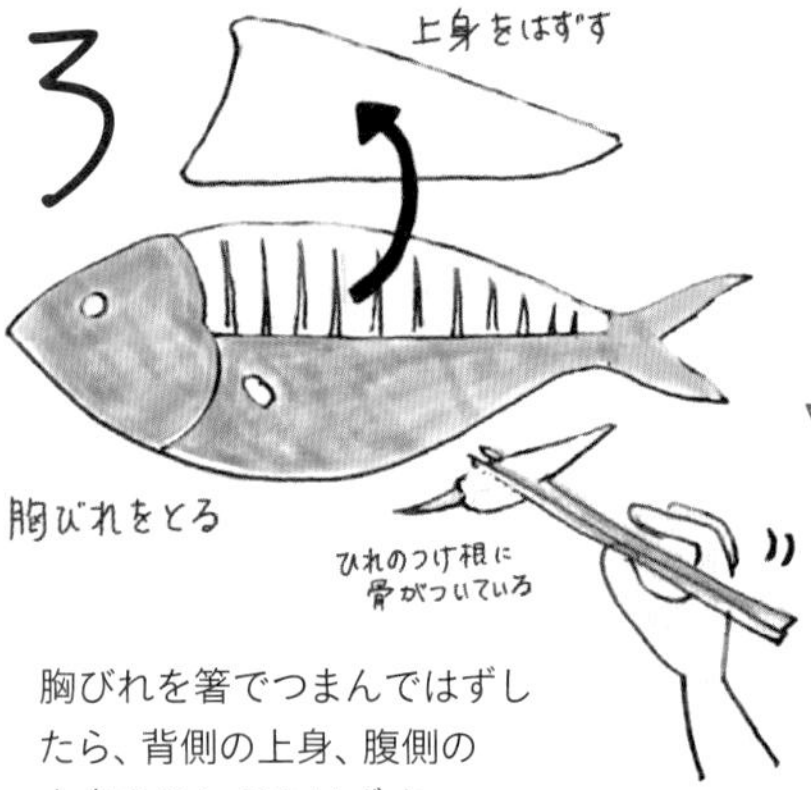

胸びれを箸でつまんではずしたら、背側の上身、腹側の上身をそれぞれはずす。

4

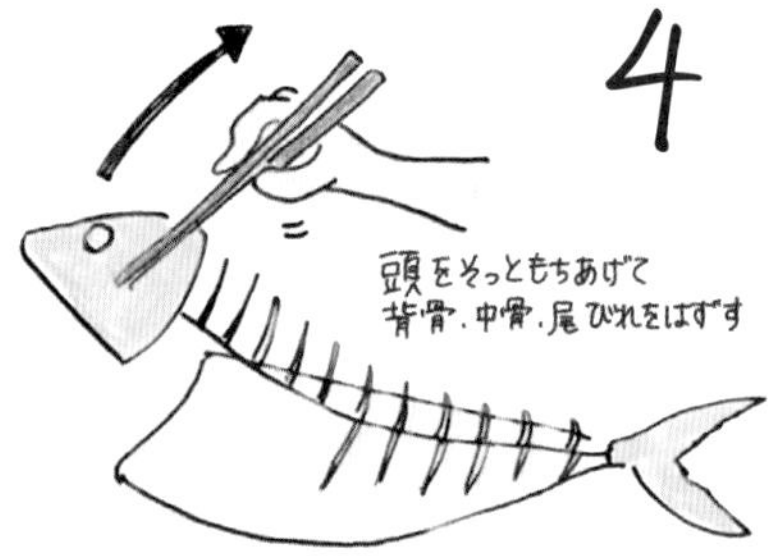

頭を箸で持ち上げると、大きな骨がすっとはずれる。

5

背びれ、腹びれ、尻びれを、それぞれ矢印の方向にむかって持ち上げるようにしてはずす。

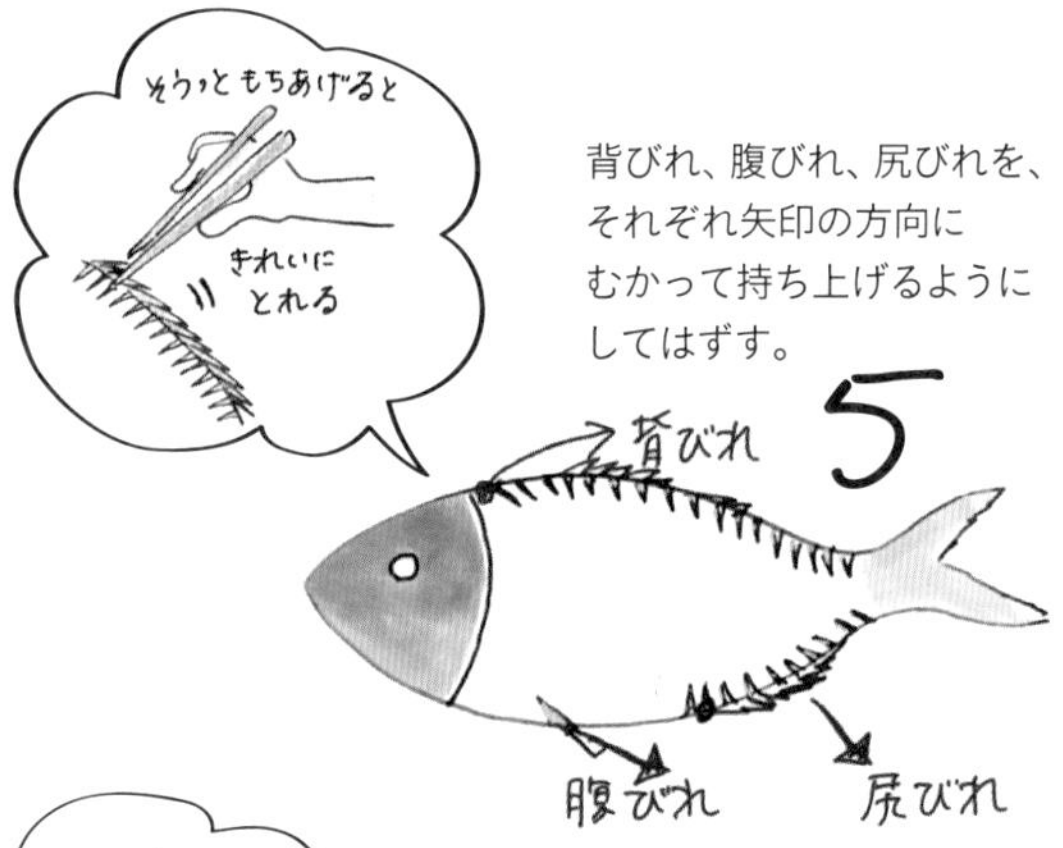

6

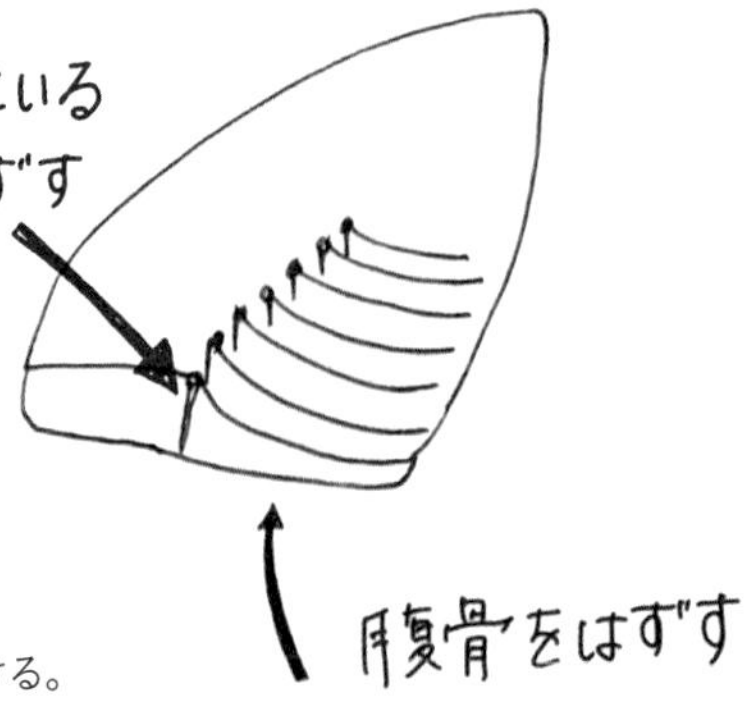

腹骨と血合骨をはずしたら、背骨のラインに沿って下身に等分にわけ、先にはずしておいた上身とともに取り皿に盛り付ける。

さあ、召し上がれ♡

最後に、大皿に残ったスープをかければ、取り分け完了。
骨を気にせず、スマートに食べられます。

3章

切り身や干物で、実はお手軽！

港町の定食おかず

港町でいい雰囲気の食堂にふらりと入ったなら、
お品書きをじっくり検分。
サバのみそ煮にブリの照り焼き、煮付け、
人気のご当地バーガーや
おしゃれなお魚ステーキも捨てがたい……！
迷いに迷った挙句、つい注文したくなる
定番&人気メニューをイメージしました。
こっくりした味つけで、
白いごはんのおともにもぴったりな
魚のおかずが勢ぞろい！
切り身や下処理いらずの干物、
たこの足やむき身のカキなどを使って
パパッとスピーディに仕上げます。

秋鮭のザンギ

しょうゆベースのタレに漬け込んで揚げる、北海道のご当地唐揚げ。
鶏肉が一般的ですが、鮭やタコのザンギも人気です。

材料（2人分）

秋鮭…2～3切れ
A 酒、しょうゆ、みりん…各大さじ1と1/2
　おろししょうが…大さじ1/2
　おろしにんにく…少々
かたくり粉…適量
揚げ油…適量
サニーレタス、レモン…各適宜

作り方

1 鮭は3～4等分して、**A**とともにポリ袋に入れ、袋の空気を抜いて口をしばり、30分以上おく。

2 フライパンに高さ1㎝の油を入れて中火で熱し、水けをとってかたくり粉をまぶした**1**を両面色よく揚げる。

3 器に盛り、好みでレタス、レモンを添える。

おかずにも
おつまみにも

秋鮭が手に入らない時季は、通年出回っているサーモンでOK！

漬け時間はふた晩までOK！買ってすぐに下ごしらえして冷蔵保存しておけば、あとは揚げるだけで便利。

おさかな memo

秋鮭とは、産卵のために川に戻ってきた白鮭のこと。白子や卵に栄養が使われているため、身の脂のりは控えめでさっぱりした味わいが特徴です。唐揚げやムニエルなど油を使った調理のほか、クリーミーな乳製品とも相性抜群！

クセのない秋鮭に
パンチの効いた下味を
なじませた、
やみつき必至の一品

定番メニューをおいしく
作れるって密かにうれしい

サバのみそ煮

大根を敷くことで、サバへの火の入りがやわらかくなります。余熱でゆっくり火を通すのもパサつきを防ぐポイントです。

材料（2人分）

サバ（切り身）…2切れ
大根…5㎜厚さの輪切り2枚
みそ…大さじ2
A 砂糖、酒、しょうゆ、みりん
…各大さじ1/2
しょうが…薄切り4〜5枚

作り方

1 サバは全体に薄く焼き塩（分量外）を振って10分ほどおいてから、身の厚い部分に切り込みを入れ、ボウルに入れる。

2 沸騰したお湯に水を足して80度くらいにし、サバが浸るまで注ぎ、表面が白っぽくなったら水にとり、汚れやウロコを洗い流す。

3 フライパンに**A**、水200㎖、しょうがを合わせ、大根を敷き、**2**を並べて中火にかける。

4 沸騰したら軽くアクをとり、ハサミで切り込みを入れたキッチンペーパーを上にかけ、煮汁が常にフツフツと沸く火加減にしてフタを少しずらしてのせ、5分煮る。

5 いったん火を止めてみそをとき入れたら、弱火でさらに5分煮て、火を止めて10分おいて余熱で火を通す。

6 器に盛り、煮汁を好みの濃さに煮詰めてかける。

霜降りは、臭みのもとになるぬめりや汚れをお湯で落とす下処理。湯の温度が高すぎると皮が破ける原因になるので注意！

おさかなmemo

1年中、安定した価格で手に入るサバ。真サバの旬は脂がのってくる冬、ごまサバなら夏が旬です。
血液サラサラ効果のあるDHAやEPAがたっぷり含まれているのも、うれしいポイントです。

ブリの照り焼き

タレを加える前に余分な油をしっかり拭き取るのが照り焼きの身上、つやっとした照りを出す秘訣です。

材料（2人分）

ブリ（切り身）…2切れ
焼き塩、こしょう、薄力粉…各適量
ごま油…大さじ1
A しょうゆ…大さじ1
　みりん…大さじ3
水菜…1株
かぶ…½個

作り方

1 水菜は3cm長さに、かぶは薄切りにしてさっと水にさらし、水けをきって皿に盛る。

2 ブリは焼き塩（分量外）を振って水けを拭いてから、薄く塩、こしょうで下味をつける。

3 フライパンにごま油を中火で熱し、皮目を下にしてぶりを並べ、両面に焼き色がつくまで焼く。

4 フライパンの油をキッチンペーパーで拭き取り、**A**を加えてとろりとした照りが出るまで煮からめる。崩れるのを防ぐため、煮からめるときはブリを裏返さない。**1**の皿に盛り、タレをかける。

薄く小麦粉をまぶすことで、タレに適度なとろみが出て一体感がアップ！　魚のうまみを閉じ込める効果も。

おさかなmemo

日本で有名なのは、富山県氷見漁港の寒ブリ。毎年「寒ブリ宣言」が出ると、「氷見の寒ブリ」の名で高値で取引されます。本来の旬は冬ですが、養殖技術の発達でスーパーには1年中脂ノリのいいブリが並びます。

ふんわり肉厚のブリと
こっくり甘辛いタレとの
一体感がポイントです

カレイそのもののうまみを存分に堪能できる、シンプルな煮付け

カレイの煮付け

煮る時間は魚の大きさによって調節を。小さめなら10分が目安です。

材料(2人分)

カレイ(切り身)… 2切れ
A 砂糖、酒、しょうゆ、みりん … 各大さじ1と½
しょうが … 薄切り3～4枚
長ねぎの青い部分 … 1本分

作り方

1 カレイは全体に薄く焼き塩を振って10分ほどおき、身の厚い部分に切り込みを入れてボウルに入れる。

2 沸騰したお湯に水を足して80度くらいまで温度を下げ、カレイが浸るまで注ぎ、表面が白っぽくなったら水にとり、汚れやウロコを洗い流す。

3 フライパンに**A**と水150㎖を合わせ、しょうがを敷き、**2**を並べて中火にかける。

皮が破けるのを防ぐため、湯が直接魚に当たらないように注ぐのがポイント。霜降り前に塩を振るのも、皮を破けにくくする効果がある。

4 沸騰したら軽くアクをとり、ハサミで切り込みを入れたキッチンペーパーを上にかけ、煮汁が常にフツフツと沸く火加減にしてフタをし、15分煮たら火を止める。そのまま10分おいて余熱で火を通す。

5 器にカレイを盛り、煮汁を好みの濃さに煮詰めてかける。

金目鯛の煮付け

おうちが海辺の旅館に早変わり！豪華なひと皿に気分もアガります。

作り方と材料（1～2人分）

金目鯛1尾（25㎝くらいのサイズ）は、表側の身に切り込みを入れる。フライパンに**砂糖**、**酒**、**しょうゆ**、**みりん各大さじ2**と**水200㎖**を合わせ、**しょうがの薄切り3～4枚**を並べて金目鯛をのせ、中火にかける。沸騰したらアクをとり、切り込みを入れたキッチンペーパーをかけ、フタをして煮汁がフツフツする火加減で20分煮たら火を止める。そのまま10分おいて余熱で火を通す。

おさかなmemo
このレシピの煮汁は、魚のうまみを邪魔しない上品な薄味です。
調味料は1:1:1:1の比率なので、濃いめに仕上げたいときはすべてを1.5～2倍量に増やして調節してください。

サーモンのステーキ きのこクリームチーズソース

ソースでおめかしすれば、いつものサーモンソテーもちょっぴりよそゆき顔。さっぱりクセのないサーモンにクリーミーなソースがよく合います。

材料（2人分）

サーモン（切り身）… 2切れ
焼き塩、こしょう、薄力粉 … 各適量
舞茸 … 1パック
A クリームチーズ … 30g
　粒マスタード … 大さじ2
牛乳 … 100㎖
じゃがいも … 中1個
オリーブ油 … 適量

作り方

1 じゃがいもは皮ごとラップで包み、電子レンジ（600W）で3分半〜4分半加熱して輪切りにし、皿に盛る。

2 サーモンは焼き塩（分量外）を振ってしばらくおいて水けを拭き、塩、こしょうで下味をつけ、全体に茶こしで薄く薄力粉をまぶす。

3 フライパンにオリーブ油を中火で熱し、皮が下になるようにサーモンを並べたら、火を少し弱めて皮に焼き目がつき、身に7割ほど火が通るまで7〜8分ほど焼く。裏返して弱火で2〜3分、中心に火が通るまで焼き、**1**の皿に盛る。

4 あいたフライパンに舞茸を手で崩しながら入れて中火でいため、しんなりしたら**A**を加えてクリーム状につぶしながら熱し、牛乳を加えてとろりとなるまで煮詰め、サーモンにかける。

こんがり焼いたサーモンに
うまみたっぷりのきのこソースをとろ〜り

切り身のフチが1cmほど白っぽくなってきたら裏返すタイミング。皮目側から火を通す時間を長くすることで、身はしっとり、皮はパリッと香ばしい焼き上がりに。

おさかなmemo トラウトサーモンは養殖されたニジマスで淡水魚。海水魚である鮭とは別の魚です。ただし、アトランティックサーモンとなると、こちらはサケ科の海水魚。ややこしい！　養殖されたサーモンはアニサキスの心配がないため、生食が可能です。

キリッと冷やした
具だくさん汁を
たっぷりかけて

アジの干物のピリ辛冷汁

うまみの濃い干物にふわふわの豆腐とさわやかな薬味。
食欲減退の夏を乗り切る役者勢ぞろいのぶっかけ飯です。

材料（2人分）

アジの干物…1枚
麦みそ…大さじ2
豆板醤…小さじ1
きゅうり…½本
みょうが…1本
木綿豆腐…150g
大葉…4枚
麦ごはん…茶碗2杯分

作り方

1 20㎝四方に切ったアルミホイルにみそを5㎜くらいの厚さに塗る。

2 きゅうり、みょうがは小口から薄切りにする。

3 魚焼きグリルでアジの干物を焼く。脇で、**1**も焦げ目がつくまで軽く焼く。

4 干物の身をほぐし、頭、骨、ぜいごを除いてボウルに入れ、**3**のみそ、豆板醤を加えて、ほぐしながら全体を混ぜる。

5 水200㎖を加えて伸ばし、手で崩した豆腐、**2**、ちぎった大葉を合わせ、ごはんにかけながら食べる。

香ばしい焼きみその風味が
味の決め手！ 干物と一緒に
こんがり焼いて。

おさかなmemo

冷汁は、主に宮崎県や大分県で作られる郷土料理。愛媛では、同様の料理が「さつま」という名で親しまれています。塩サバ、かますなど、干物の種類を変えてアレンジするのもおすすめです。

作るのはちょっと面倒だけど
ガブッとほお張る満足感は
プライスレス！

カジキフライバーガー

各地の港町で、ご当地グルメとして人気上昇中のフィッシュバーガーを再現。映える見た目も自慢です。

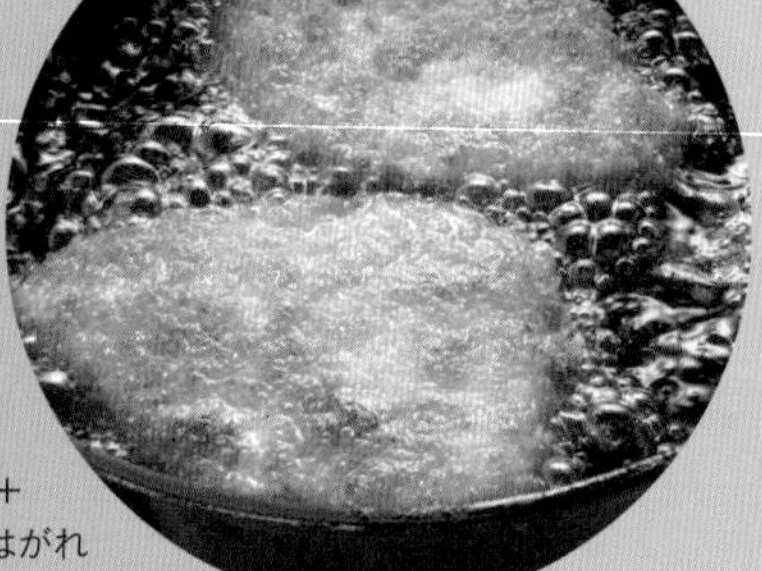

簡単バッター液＋パン粉の衣は、はがれにくくサクッと軽い歯ざわり！

材料（2人分）

メカジキ（切り身）… 2切れ
パン粉… 2/3カップ
A 小麦粉… 大さじ4
水… 大さじ3
アボカド… 1/2個
トマト… 小1個
玉ねぎ（薄切り）、リーフレタス… 各適量
B マヨネーズ… 大さじ5
マスタード… 大さじ1
レモン汁… 少々
揚げ油… 適量
ハンバーガーバンズ… 2個

作り方

1 カジキは焼き塩を振ってしばらくおいて水けを拭き、塩、こしょうで下味をつける。

2 アボカドは縦半分に切って、くし形に切る。トマトは1cm厚さの輪切りにする。バンズはトースターで焼く。

3 ボウルに**A**を合わせて混ぜ、**1**にぽってりとまとわせ、パン粉をまぶす。

4 フライパンに高さ1cm程度の油を入れて中火にかけ、**2**を並べ入れて火を少し弱め、焦げないように気をつけながら両面を揚げる。

5 **2**のバンズにちぎったレタス、玉ねぎ、**4**、混ぜ合わせた**B**、トマト、アボカドの順にのせて、はさむ。

おさかなmemo

バッター液をつけ、パン粉をまぶしておけば、冷蔵庫で2日間保存できます。これは、魚の身が空気から遮断されて保存性が高まるため。もちろん冷凍も可能です。調理するときは、凍ったままフライパンへ！

太刀魚のコチュジャンみそ漬け焼き

焼く前にサッとみそをからめる手軽なみそ漬けです。
時間があるときは、冷蔵庫で一晩おくとより味がしみます。

材料（2人分）

太刀魚（切り身）…2〜3切れ
A みそ…大さじ2
コチュジャン…大さじ½
みりん…大さじ1
おろしにんにく…少々
ごま油…小さじ1
エゴマの葉（あれば）…2枚

作り方

1 太刀魚は、背びれと尾びれにそれぞれV字に切り込みを入れ、小骨をとり除く。身の厚い部分に切り込みを2〜3本入れてから、3〜4cmほどのぶつ切りにする。

2 ボウルに**A**を合わせ、**1**をからめる。

3 グリルの網にホイルを敷いて**2**を重ならないように並べ、10分以上おいてから、弱火で約7分、裏返して約3分、焦げないように両面を焼く。

ひれの両サイドからV字の切れ込みを入れたら、ひれごと引っ張る。小骨が一気に取れて、気分も爽快！

ふわふわジューシーな太刀魚と
ピリ辛みそのハーモニー、これぞ幸せ！

おさかな
memo

太刀魚は、塩焼きや素揚げも最高！ 意外と水分が多い魚なので、冷蔵庫で軽く「干す」とさらにおいしさがアップします。塩を振ってざるに並べ、ラップをせずに冷蔵庫で1日おくだけ。焼いても揚げてもうまみが濃い！

塩だけで目を見張るほどうまい！
カマって本当に優秀です

カマ焼き

小ぶりなものなら、魚焼きグリルでもOK。焦げないようにひれをハサミで切り落とします。

材料（2人分）

好みのカマ…1尾分（写真はサワラ）
粗塩…適量
大根おろし…½カップ分
大葉…2枚
レモン…適量

作り方

1 カマはキッチンバサミでひれを切り落とし、3％の塩水で汚れをきれいに洗い、水けを拭き、粗塩を多めにまぶして30分ほどおく。

2 200度に予熱したオーブンで15～20分焼く。

3 大根おろしは軽く水分を絞り、ちぎった大葉を合わせ、レモンのくし切りといっしょに添える。

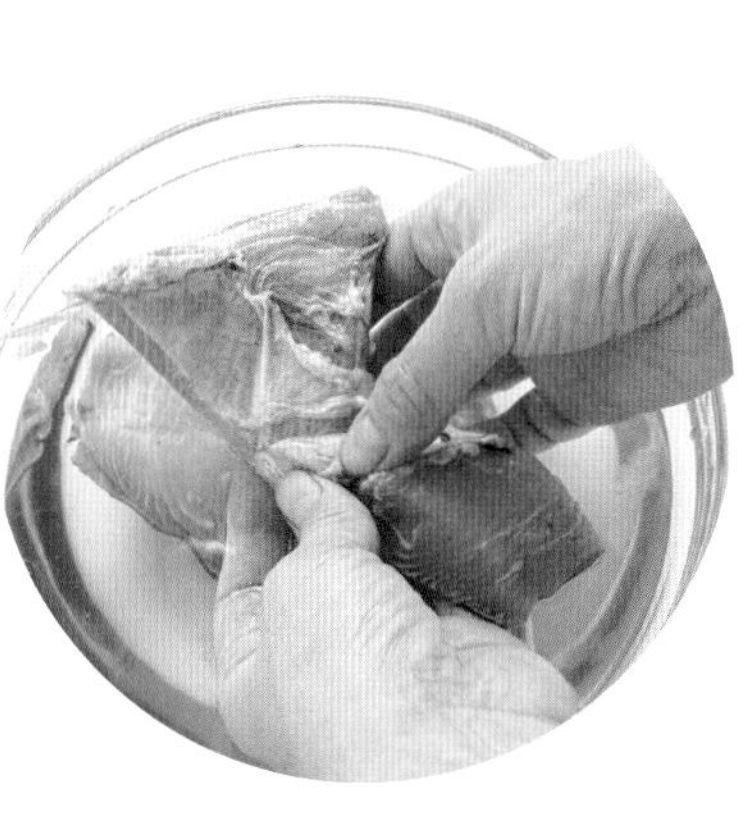

指で血や汚れをこそげ取りながらしっかり洗う。

おさかなmemo

カマは、魚のエラ付近の部位。身が締まりながらも脂も乗っていて、「魚で一番おいしいのはカマ！」という人もいるほど。価格も手頃なので、見かけたら「買い！」のおすすめ部位です。

たこ飯

たこは大きく切るとかたくなりやすいので、コロコロ状に小さくカットするのが、超お手軽なこのレシピ最大のポイント。

材料（2人分）

ゆでだこ…150g
米…2合
A 酒、しょうゆ、みりん…各大さじ2
削り節…1g（小1パック）
青ねぎ…適量

作り方

1 たこは小さめのぶつ切りにする。
2 米は洗ってざるに上げて炊飯器に入れ、**A**を加え、水を2合の目盛りまで注ぐ。
3 **1**、削り節を入れて30分以上浸水し、炊飯する。
4 炊けたら全体を混ぜて茶碗に盛り、小口切りにした青ねぎを散らす。

おさかなmemo
生のたこでも同様に作れますが、その場合は水加減に注意。生だこは水分が多いので、米と同量の水で炊くとべちゃっとしてしまいます。炊飯釜に米、たこ、調味料を入れてから水を目盛りまで注ぎます。

切って放り込むだけで
しみじみ滋味深い。
たこのだしに感謝感激の
ごちそうごはん

カンパチのしゃぶしゃぶ

サッとだしで温めれば、ふわふわジューシーな脂の甘みがふわっと開きます。刺身とはまた違うおいしさ！

材料（2人分）

カンパチ（刺身用）…½柵
レタス…½株
豆苗…½パック
エリンギ…2〜3本
A 昆布…5㎝角1枚
　酒…大さじ3
　水…400㎖

作り方

1 カンパチは焼き塩を振ってしばらくおき、水けを拭き取ってから、5㎜厚さのそぎ切りにし、器に盛る。

2 レタスは大きめにちぎる。豆苗は食べやすい長さに、エリンギは薄切りにする。

3 鍋に**A**を合わせ、弱めの中火にかけてゆっくりと温め、沸騰直前で火を弱める。刺身や野菜にさっと火を通し、好みのタレをつけて食べる。

タレ3種

ごま油のコクと香りが
食欲中枢を刺激！

ねぎ塩ダレ

材料と作り方

耐熱容器に小口切りにした**青ねぎ3～4本**、**しょうがのみじん切り大さじ3**を合わせる。フライパンで熱した**ごま油大さじ4**をジュッと注ぎ、**黒こしょう小さじ$\frac{1}{2}$**を加えて混ぜる。

酸味と清涼感が
魚のうまみを
引き立てる

春菊のトマトポン酢ダレ

材料と作り方

春菊1株、**トマト小1個**はそれぞれざく切りにしてボウルに入れ、**ポン酢しょうゆ大さじ3**、**白ごま小さじ1**を加えて混ぜる。

濃厚な洋風ソースで
新感覚
しゃぶしゃぶに♡

バジルチーズソース

材料と作り方

ボウルに手でちぎった**バジル1～2枝**、粗みじん切りにした**オリーブの実5～6粒**を入れ、**パルメザンチーズ大さじ2**、**オリーブ油大さじ4**を加えて混ぜる。

おさかなmemo　魚は、鯛、金目鯛、サワラ、ブリなど何でもOK！　好みの刺身でしゃぶしゃぶしてみて。

いろいろシーフードのバターパン粉焼き

シーフードミックスを
解凍するコツは、塩水にあり！
うまみが水に流れ出すのを防いで
ぷりぷり食感をキープします。

材料（2人分）

冷凍シーフードミックス
（えび、イカ、ホタテ）…200g
バター…20g
にんにく（みじん切り）…1かけ分
しょうゆ…大さじ1
パン粉…1/3カップ

作り方

1 ボウルに水300㎖、粗塩小さじ2（分量外）を入れ、シーフードミックスをつけて解凍し、ざるに上げて水けをきる。

2 フライパンにバター、にんにくを入れて中火にかけ、にんにくが色づいてきたら**1**を加えてサッと火が通るまで焼き、器に取り出す。

3 フライパンに残ったバターにしょうゆを合わせて軽く煮詰め、パン粉を加えてパラパラになるまで炒り、**2**にかける。

ガリバタしょうゆのカリカリパン粉をまぶして、ソテーとフライのいいとこ取り♡

おさかなmemo

シーフードミックスの解凍時間は、夏なら20〜30分、冬なら1時間が目安。指でつまんで芯が残ってなければOKです。

加熱しすぎるとかたくなるので、火が通ったらすぐに皿に取り出すのもポイント。

ぷりっとつややかな
カキをたっぷり入れて。
辛味とコク、うまみが
とけ合うスープも絶品

カキの純豆腐《スンドゥブ》

カキは煮込みすぎると身が縮んでしまうので注意。野菜がやわらかくなってから加え、サッと火を通します。

材料（2人分）

カキ（むき身）…120g
大根おろし…⅓カップほど
大根…3cm長さ
長ねぎ…¼本
にら…1〜2本
えのきだけ…¼パック
しょうが…薄切り2〜3枚
キムチ…80g
絹豆腐…150g
酒、しょうゆ、コチュジャン、ごま油
…各大さじ1

作り方

1 カキは水けをきってボウルに入れ、大根おろし（またはかたくり粉大さじ1〜2）をまぶしながらひだの汚れを落とし、洗い流す。

2 大根は5mm厚さの半月切りに、長ねぎは斜め1cm幅に、にらは4〜5cm長さに切る。えのきだけは石づきを落としてほぐす。しょうがはせん切りにする。

3 なべにごま油、キムチ、しょうがを入れて中火にかけ、大根、長ねぎ、えのきだけの順にいためる。

4 野菜が透き通ってきたら、水500mlと酒を加え、野菜がやわらかくなるまで5〜10分煮る。

5 カキを加え1〜2分煮込んだら、しょうゆ、コチュジャンで味をととのえ、豆腐を加えて軽く煮込み、仕上げににらを加える。

大根おろしは汁ごとまぶして、カキになじませるようにやさしく混ぜる。カキの汚れが落ち、大根おろしが灰色っぽくなってきたらOK。

おさかな memo
カキの臭み取り＆汚れ落としには様々な手法がありますが、おすすめは大根おろし。大根に含まれるタンパク質分解酵素がカキの表面をとかして、ぬめりや臭みもすっきり落としてくれます。

Column3

ミナト旅の楽しみ方

魚好き＆旅好きが高じて漁港取材がライフワークに

ふらりと漁港を訪れてはその景色を眺めたり、市場をのぞいて新鮮な魚を物色したりするのが好きです。食いしん坊の私は、とにかくおいしいものを手に入れたい。魚屋に並ぶ前のお魚が見られるって、それだけでワクワクしてしまいます。水揚げをしていたらかぶりつきで見たいし、さらに獲れたてを買えたらもう最高！

それに、海辺に行くと、釣り人のおじさんに声をかけられたり、漁師さんが旬のおすすめを教えてくれたり、人との出会いもおもしろい。漁師さんの話は、何もかもが初めて聞くことばかり。漁の方法、処理の仕方、季節や天候で同じ魚でも味も価格も変わること。魚が食卓に上るまでのことをもっと知りたい、知らなければ。漁港を訪れるたび、そんな思いを新たにします。

日本各地の魚のおいしさに感動して、漁師、仲買人、魚のプロたちにも魅せられて、漁港取材は私のライフワークのようになっています。

銚子、外川漁港。金目鯛の仕分け。

富山県の新湊漁港では、白えび漁が盛ん。4～9月には「白えび漁観光漁船」も。

港町に行ったなら、地の魚介をたらふく！

港町や漁港では、地元の人が行くお店を探します。間違いないのは、市場直営の食堂。地元のものを仕入れて出しているところは、ハズレなしです。ただ、小さな漁港が好きなので近くに食堂すらないことも。それでも、やっぱり港町にはおいしいものが多い！ 獲れたての生わかめをどっさりいただいたり、若いころに旅した北海道・羅臼では漁師のおじさんの家でタラ汁といくらをご馳走になったこともありました。あの味、今でも忘れられない……。

そう考えると、おいしいものに出会うコツは、うろうろ歩いてみることかもしれませんね。目的地を決めずにふらふらしていると、気のいい人が喋りかけてくれたり、ガイドブックにも載っていないような地元の人御用達のお店に行き着いたりする、かもしれません。

神奈川県佐島漁港にて。春先に出回る血鯛で、地元では花鯛と呼ばれています。

4章

うまみ最強！　あと1品にうれしい♡

海鮮小鉢とあったか汁物

魚介のうまみが広がる小粋な副菜やサラダ、体の芯まで温まる汁物を集めました。各地の郷土料理をヒントにしたレシピもいろいろ！　旅気分でキッチンに立ってみるのも楽しいものです。

保存のきくメニューは、作り置きしておくのもおすすめ。

魚介の小鉢が1品あるだけで、食卓が一気に「手をかけた」感じになるから不思議です。南蛮漬けや昆布締めは、漬ける時間、締める時間によって魚の食感、味わいも変化します。好みの食べごろを見つけてみて。

塩サバとなすのたたき

カツオのたたきが有名な高知県で愛される、もうひとつの絶品たたきといえばコレ。暑い夏にぴったりのさわやかな一皿です。

材料(作りやすい分量)

塩サバ…小さめの半身
なす…3本
玉ねぎ…⅛個
にんにく…1かけ
青ねぎ…適量
ポン酢しょうゆ、植物油…各大さじ3
ごま油…大さじ1

作り方

1 なすは1㎝厚さの輪切り、玉ねぎ、にんにくは薄切りに、青ねぎは小口切りにする。

2 サバをグリルで焼き、骨を除きながら手でほぐす。

3 フライパンに植物油、ごま油を入れて中火で熱し、なすを並べ入れて両面を焼き色がつくまで焼く。

4 皿に**3**を並べ、ほぐしたサバ、にんにく、玉ねぎ、青ねぎの順に盛り、ポン酢しょうゆを回しかける。

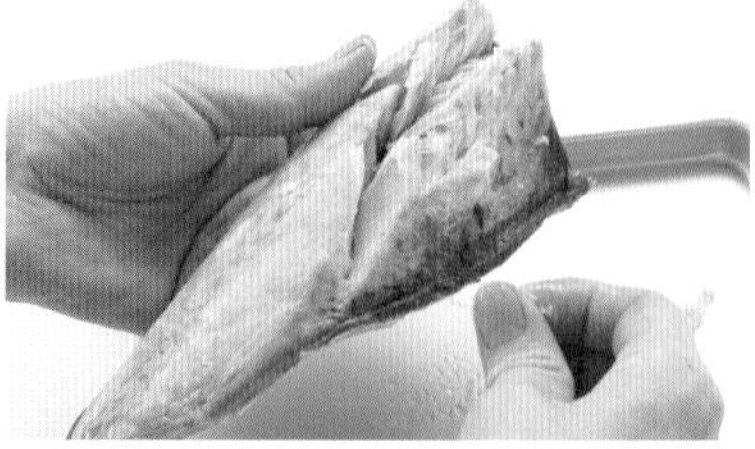

塩サバは中骨に沿って割り、骨を除いてから適当な大きさにほぐす。

とろっとやわらかな揚げ焼きなすに
塩サバでうまみと塩けをプラスして

おさかなmemo

我が家では、夏の間に何度作るかわからないほどヘビロテなお気に入りメニュー。塩サバを干物やツナ缶に代えたり、もっと手軽にかつおぶしをまぶすのでもおいしい！ よりさっぱり食べたいときは、なすをレンジでチンして蒸しなすに。

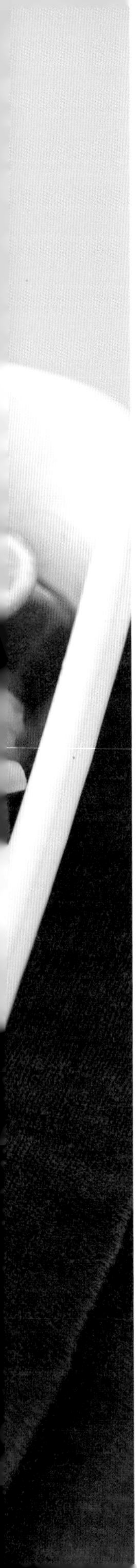

サワラのゆずこしょう南蛮

揚げたてのふわふわサワラを味わいたいから、漬け時間は10分！
身はふんわり、衣にだけじゅわっとタレが染み込む加減が絶妙です。

材料（2人分）

サワラ…2切れ
酒…大さじ1
粗塩…2つまみ
玉ねぎ…1/4個
トマト…1個
A 酢…大さじ3
　砂糖、しょうゆ…各大さじ1
　ゆずこしょう…小さじ1
すだち（輪切り）…適量
かたくり粉、揚げ油…各適量

作り方

1 玉ねぎは薄切りに、トマトは3～4cm角に切る。

2 保存容器に**A**を入れて混ぜ、**1**を加える。

3 サワラはひと切れを1/3～1/4等分に切ってポリ袋に入れて酒と塩をまぶし、袋の空気を抜いて10分以上常温においてから水分を拭き取る。

4 フライパンに高さ1cmほどの油を熱したら、**3**にかたくり粉をまぶして表面がカリッとするまで両面を揚げ焼きにする。

5 食べる10分ほど前に**2**の保存容器に**4**を加え、ざっと混ぜる。

買ってきてすぐに酒と塩をまぶしておけば、冷蔵庫で2日間保存可能。ポリ袋の空気をしっかり抜き、身が空気に触れないようにする。

ゆずこしょうの風味が
キリッと大人なアクセント。
味を染み込ませたいときは
1時間以上漬け込んで

おさかなmemo

ししゃもや小アジなどの小魚を使うときは、骨まで食べられるように低温でじっくり揚げてから、最後に温度を上げてカリッと仕上げましょう。揚げ油にごま油を足せば中華風に、半量をオリーブ油にすれば洋風に。その日の気分で楽しんで。

メバルのみそ汁

魚は骨つきなら何でもOK。強火で一気に仕上げるのがポイントです。

材料（2人分）

メバル…1尾（25cmくらい・下処理済みのもの）
長ねぎ…½本
みそ…大さじ2～3

作り方

1 メバルは適当な大きさの筒切りにし、ボウルに入れる。

2 沸騰したお湯に水を足して80度くらいにし、**1**の魚が浸るまで注ぐ。表面が白っぽくなったら水にとり、汚れやウロコを洗い流す。

3 ねぎは斜め1cm厚さに切る。

4 鍋に**2**、**3**、みそを入れて強火にかけ、煮立ったら味をみて火を止める。

霜降りをしてぬめりや臭みをオフ！ 水に取ったら、ウロコが残りがちな顔、カマはとくに念入りに洗って。

おさかなmemo

新潟県は粟島の名物料理、わっぱ煮をイメージしたレシピです。曲げわっぱの器に焼いた魚とみそ、お湯を入れたら、熱々に熱した石を入れて豪快に煮込むのが特徴。高温で煮ることで、魚の滋味豊かなうまみが汁にとけだします。

売上カード

定価
1,760円
(10%税込)

補充注文カード

貴 店 名

'5 1.10

年 月 日

部数	部
書 名	発行所
スーパーのお魚で！ 港町の漁師飯	春陽堂書店
	著 者
	ダンノマリコ

定価1,760円
(10%税込)

9784394904342

ISBN978-4-394-90434-2
C2077 ¥1600E

あんこうのどぶ汁

あんこうと野菜の水分だけで煮る、こっくり濃厚な漁師鍋です。

材料（作りやすい分量／3～4人分）

- あんこう（鍋用ぶつ切り、あんきも付き）…450～500g
- **A** みそ…大さじ3
  酒…50mℓ
- 白菜…1～2枚
- 長ねぎ…½本
- にんじん…4～5cm長さ
- しいたけ…3枚
- 木綿豆腐…小1丁（150g）

作り方

1 ボウルにあんこうの身を入れる。沸騰したお湯に水を足して80度くらいにし、身が浸るまで注ぐ。表面が白っぽくなったら水にとり、汚れを洗い流す。

2 白菜はざく切りに、長ねぎは斜め1cm幅に、にんじんはいちょう切りに、しいたけは薄切りにする。

3 小鍋にあんきもを入れて中火にかけ、とけてきたら**A**を加えてなじませる。

4 **1**、**2**、ちぎった豆腐を加えてフタをし、火を弱めて水分が出てくるまで煮込む。

5 水分が出てきたらフタを外して中火に戻し（煮込んでも水分が出ないときは少し水を足す）、アクを取りながら野菜がやわらかくなるまで煮る。

6 お椀に盛り、ねぎを散らす。

味の決め手！

あんきもの濃厚なうまみがポイント。酒とみそを加えたら練るようにして炒め合わせて。

おさかなmemo 水けの多い魚は、下処理の塩で余分な水分を出してから調理するのが基本ですが、このレシピはあんこう自身の水分を利用して滋味深い汁に仕上げます。

タラ汁

塩だけのシンプル調味で、淡白なタラのうまみを引き出します。

材料（2人分）

タラ…3切れ
白子、またはたらこ…適量（あれば）
粗塩…大さじ½
大根…5cm長さ
ごぼう…10cm長さ
長ねぎ…½本
昆布…3〜4cm角1枚

作り方

1 タラと内臓（白子、たらこ）は適当な大きさのぶつ切りにする。身は粗塩を全体にまぶしてざるに入れ、1〜2時間おいてから水で塩を洗い流し、内臓と一緒に霜降りにする。

2 大根はいちょう切りに、ごぼうは斜め薄切りに、長ねぎは1cm幅の小口切りにする。

3 鍋に大根とごぼう、昆布を入れて中火にかけ、沸騰する直前に昆布を取り出す。

4 大根に火が通ったら、タラ、長ねぎを加え、沸騰してから2〜3分、タラに火が通るまで煮る。

水分が多く、身がやわらかいタラは、塩をしっかりまぶして水分を出すのがおいしく食べるコツ！

冬の旬食材がどっさり！

おさかなmemo
大型の真ダラは切り身で、小さなスケトウダラは筒切りで卵も一緒に売られていることが多いようです。
タラにはアニサキスがいることもあるので、必ず中心まで火を通します。

ほどよい酸味とごま油のコクが食欲をそそる

刺身とわかめのナムル

アジをほかの青背や白身、貝類に代えても。小鯛の笹漬けやしめサバ、しめアジなどを使うのもおすすめ。

材料（2人分）

青背、または白身の刺身（写真はアジ）…半身（80g）
米酢…小さじ1
焼き塩…適量
生わかめ…100g（塩蔵の場合は60g）
長ねぎ…5cm長さ
みょうが…1個
しょうが…薄切り1枚
A しょうゆ…少々
ごま油…小さじ1

作り方

1 刺身は焼き塩を振ってしばらくおいて水けをふいたら、もう一度軽く塩を振り、酢をからめる。

2 長ねぎは斜め薄切りに、みょうが、しょうがはせん切りにする。わかめは熱湯をかけ（塩蔵の場合は水で戻してから）、冷水で冷やしてざるに上げ、水けをきる。大きければひと口大に切る。

3 ボウルに**1**、**2**を合わせ、**A**を加えて全体に行き渡るように手で混ぜ合わせる。器に盛る。

刺身が食べ切れなかったら、すぐに酢をからめて冷蔵庫へ。次の日まで保存でき、翌日のナムルの下準備に！

おさかなmemo

春が旬のわかめ。採れたてのわかめは薄い茶色をしていますが、サッと湯にくぐらせると鮮やかな緑色に変わります。塩蔵のわかめも、水で戻した後に熱湯をかけ、冷水にさらすとハッとするほど美しい緑色になるのでぜひお試しを！

セビーチェ風サラダ

中南米発のさわやかな魚介のマリネ。
刺身が少量余ったときにも◎！

材料（2人分）

刺身（鯛、ホタテなど）…100gくらい
玉ねぎ…1/4個
きゅうり…1本
香菜（または好みのハーブや青ねぎ）…適量
オリーブ油…大さじ2
ライム果汁（またはレモン果汁）…1個分
おろしにんにく…少々
塩、こしょう…各適量

作り方

1 刺身は焼き塩を振ってしばらくおき、水けを拭いてから1cm角に切り、ライム果汁、にんにくをまぶして10分ほどおく。

2 きゅうりはピーラーで皮をむいて1cmの角切りに、玉ねぎは縦半分にしてから薄切りにし、それぞれ塩少々をまぶし、水分が出てきたら拭き取る。

3 ボウルに**1**、**2**、オリーブ油を入れて混ぜ、塩、こしょうで味をととのえ、冷蔵庫で30分ほど冷やす。

4 器に盛り、ざく切りにした香菜を散らす。

ライムやレモンは半分に切って種をとり、中心にフォークを刺してねじるようすると、絞り器なしでも無駄なく絞れる。

おさかなmemo

ペルーやメキシコでよく食べられているセビーチェ。赤唐辛子やハラペーニョなどで辛味を加えることも多いそう。
白身魚、マグロ、タコ、えび、貝類など、旬の魚介類を組み合わせて楽しんで。

昆布締めの梅ダレサラダ

少量の刺身もたっぷり野菜と合わせれば、華やかなサラダに。

材料（2人分）

好みの刺身（鯛、ヒラメ、スズキなど）…適量
昆布…刺身を並べられる大きさ
水菜、貝割れ菜など好みの生野菜…適量
梅干し果肉…大さじ1
みりん…大さじ3
しょうゆ…小さじ1

作り方

1 昆布は酒（分量外）を含ませたキッチンペーパーで軽く拭く。

2 広げたラップの上に昆布1枚をおき、刺身を1切れずつ重ならないように並べて包み、1時間以上冷蔵庫におく（柵の場合は、上からもう1枚の昆布ではさんで1日おく）。

3 梅干しはたたき、小鍋にみりんとともに入れてとろみが出るまで煮詰め、仕上げにしょうゆを加えて味をととのえる。

4 器にざく切りにした野菜、**2**を盛り付け、**3**のタレをかける。

昆布で締めることで水分が抜け、保存性がアップ。切り身なら3〜4日、柵なら4〜5日、冷蔵庫で保存可能。

おさかなmemo 「刺身を切りすぎて余ってしまった！」というときこそ、昆布締めチャンス！ 昆布において一晩寝かせれば、上品な味の昆布締めの完成です。昆布締めには真昆布がよく使われますが、お手頃価格の日高昆布でも。

しらすのペペロンチーネ

そのままパンにのせるほか、
パスタのソースや
ドレッシングにと幅広く使えます。

材料（作りやすい分量）

しらす干し…１００g
オリーブ油…１５０㎖
赤唐辛子…１本
おろしにんにく…少々

作り方

1 赤唐辛子は半分に割り、種を除く。

2 フライパンにすべての材料を入れ、弱火にかけて5分ほどフツフツと煮て、清潔な保存容器に入れる。冷蔵庫で１カ月保存可能。

おいしいパンと合わせれば
デリ風ランチの完成！
うまみがとけたオイルも絶品

サーモンのオイルマリネ

角切りサーモンで食べ応えも満点！
ハーブがふわっと香る、おしゃれな1品です。

材料（作りやすい分量）

サーモン（刺身用）
…1柵（200～250g）
粗塩…小さじ½
おろしにんにく…少々
オリーブ油…大さじ3～4
ディル…2～3枝

作り方

1 サーモンは全体に塩をまぶして30分ほどおき、水けを拭いて1cmほどの角切りにし、ポリ袋に入れる。

2 手でちぎったディル、オリーブ油を加えて混ぜる。保存は、ポリ袋に入れて袋の空気を抜き、冷蔵庫で3～4日、冷凍で1週間（冷凍の場合は、袋を密閉容器に入れる。食べるときは冷蔵庫で自然解凍）。

おさかなmemo
サーモンのオイルマリネは、オリーブ油を増やして弱火で5分ほど煮ても。
ツナのようにほぐしてマヨネーズとあえたり、おにぎりやパスタの具にしたりとマルチに活躍します。

穴子の卵とじ

ごはんにかけて丼にしても。白魚や夏に売り場に並ぶハモでも同様に作れます。

材料（２人分）

焼き穴子…小１本
玉ねぎ…小½個
三つ葉…適量
卵…１個
A だし…２００mℓ
しょうゆ…小さじ１
塩…２つまみ

作り方

1 穴子は3cm幅に、玉ねぎはくし切りに、三つ葉はざく切りにする。卵は白身が残る程度に軽く割りほぐす。

2 小鍋に玉ねぎを敷き、穴子をのせ、混ぜ合わせた**A**をひたひたに注いで中火にかける。

3 沸騰して１分ほどして玉ねぎが透き通ってきたら、卵を回し入れる。

4 周りが少しかたまってきたら箸で十字をきるように大きく混ぜて火を消し、フタをして卵に余熱で火を通し、三つ葉を散らす。

おさかな memo
穴子は、天ぷら、煮穴子、蒲焼きや白焼きなど、簡単な下処理さえ知れば使い勝手の良い食材です。
このレシピは焼き穴子を使って、さらに簡単に。おうちでお店気分を味わえます。

ホタテのしょうゆ麹あえ

しょうゆ麹に漬けて、まろやかなうまみをプラス！
ホイルにのせて弱火で5分ほど焼いても美味！

材料（2人分）

ホタテ（刺身用）…8個（150g）
しょうゆ麹…大さじ2
スプラウト…適量

作り方

1 ホタテは焼き塩（分量外）を振ってしばらくおいて水けを拭き、食べやすい大きさに切る。

2 ボウルに**1**としょうゆ麹をあえて器に盛り、スプラウトをのせる。

切ってあえるだけの手軽さで、
ホタテの甘みがとろける
上品小鉢のできあがり

おさかなmemo
残ったらポリ袋に入れ、袋の空気をぴっちり抜いて冷蔵庫へ。2〜3日保存できます。
火を通しておけば1週間ほど楽しめるので、「あと1品」を助ける作りおき副菜としても便利です。

白子のかぶおろしポン酢

旬の白子は、濃厚でいてくどさゼロ。さっぱりやさしい甘みのかぶと合わせて上品に仕上げます。

舌の上でとろける
クリーミーな
白子にうっとり

材料（2～3人分）

タラの白子…１２０g
かぶ…1個
ポン酢しょうゆ…適量
ゆずの皮（あれば）…適量

作り方

1 かぶはすりおろし、ざるに上げて軽く水けをきる。ゆずの皮は白いワタの部分を包丁で削ぎ落とし、せん切りにする。

2 白子はキッチンバサミで一口大に切り分ける。

3 鍋に2％の塩水を沸かし、ごく弱火にして2を入れ、1分半～2分したらざるに上げる。温かく食べるときはそのまま、冷たくする場合は氷水につけて粗熱をとってから、塩水につけて冷蔵庫で冷やす。

4 器におろしたかぶ、**3**を盛り、ポン酢しょうゆをかけてゆずの皮を飾る。

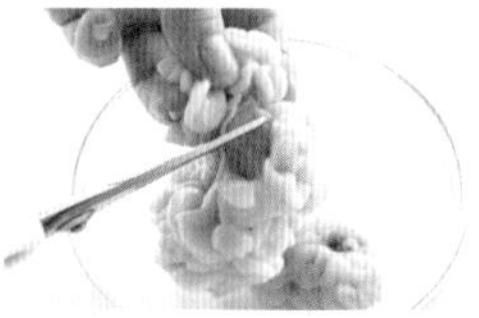

白子は膜を切るようにすると、崩れずにきれいに切れる。

湯がゆらゆらする程度のごく弱火でゆで、中心まで加熱。

おさかなmemo
タラの白子にはアニサキスがいることがあるので、必ず中心温度60度以上で1分以上加熱して。ただし、高温で長く加熱しすぎると、口当たりが悪くなり、色も黒ずむので注意！

アサリのにんにくソテー

アサリ自身の塩けが最高の調味料！
清涼感あふれるフレッシュなパセリを
ザクザク合わせて、あとひく味わいに。

材料（2人分）

アサリ…250g
にんにく（みじん切り）…大さじ2
赤唐辛子…1本
オリーブ油…大さじ2
パセリ…適量

作り方

1 バットにアサリを重ならないように並べ、2～3％の塩水をかぶる程度に注ぎ、紙などをかぶせて1時間ほどおいて砂抜きをする。

2 フライパンにオリーブ油、にんにく、唐辛子を入れ、にんにくがうっすら色づくまで煮立たせ、アサリを加えてフタをする。

3 アサリの口が開いたら大きくちぎったパセリを加えてざっと混ぜ、火を止める。

おさかな memo
アサリの口が開いてからは、加熱しすぎないように。身がかたくしまり、縮んでしまいます。
フライパンに残ったオイルにもアサリのだしがたっぷり。パンにつけて余さず召し上がれ。

ダンノマリコ

フードスタイリスト、栄養士。フードコーディネーターのアシスタントを経て、フードスタイリストとして独立。多くの雑誌、書籍のレシピ制作、スタイリングを担当。食材の持ち味をいかす、シンプルで作りやすいレシピに定評がある。2015年頃から築地市場（現在は豊洲）に通い始め、改めて魚のおいしさ、楽しさに開眼。日本各地の漁港や市場を訪れ、漁師など魚のプロたちに取材し、魚のおいしさを伝える情報を発信するとともに、自宅スタジオを拠点に旬の魚介を楽しむための料理会「ミナトゴハン」を主宰。著書に『保存食と食べ方のテク』（朝日新聞出版）、『フライパンひとつで魚のごちそう』（青春出版社）など。

https://note.com/kitasando_sakana/

https://www.youtube.com/@minatogohan

Instagram
minatogohan_sakana

本文デザイン・装丁／石川亜紀

調理アシスタント／岩﨑由美

撮影／鈴木江実子

スタイリング・イラスト／ダンノマリコ

構成・文／浦上藍子

スーパーのお魚で！ 港町の漁師飯

2023年1月15日　初版第1刷　発行

著　者	ダンノマリコ
発行者	伊藤良則
発行所	株式会社 春陽堂 〒104-0061 東京都中央区銀座3-10-9 KFC銀座ビル 電話 03-6264-0855（代表）
印刷・製本	ラン印刷社

乱調本・落丁本はお取替えいたします。

本書へのご感想は、contact@shunyodo.co.jpにお寄せください。

ISBN978-4-394-90434-2